一个优秀销售员的
自我 修炼

〔美〕托马斯·赫伯特·拉塞尔 著
（Thomas Herbert Russell）

钱志慧 译

古吴轩出版社

中国·苏州

图书在版编目（ＣＩＰ）数据

一个优秀销售员的自我修炼/（美）托马斯·赫伯特·
拉塞尔（Thomas Herbert Russell）著；钱志慧译.—
苏州：古吴轩出版社，2018.3
　　ISBN 978-7-5546-1120-3

　　Ⅰ.①一… Ⅱ.①托… ②钱… Ⅲ.①销售学 Ⅳ.
①F713.3

中国版本图书馆CIP数据核字（2018）第006543号

责任编辑：蒋丽华
见习编辑：顾　熙
策　　划：路姜波
装帧设计：沈加坤

书　　名：**一个优秀销售员的自我修炼**
著　　者：[美] 托马斯·赫伯特·拉塞尔（Thomas Herbert Russell）
译　　者：钱志慧
出版发行：古吴轩出版社
　　　　　地址：苏州市十梓街458号　　　　邮编：215006
　　　　　Http://www.guwuxuancbs.com　　E-mail：gwxcbs@126.com
　　　　　电话：0512-65233679　　　　　传真：0512-65220750
出 版 人：钱经纬
经　　销：新华书店
印　　刷：三河市兴达印务有限公司
开　　本：710×1000　1/16
印　　张：16
版　　次：2018年3月第1版　第1次印刷
书　　号：ISBN 978-7-5546-1120-3
定　　价：42.00元

如发现印装质量问题，影响阅读，请与印刷厂联系调换。0316-3515999

是科学，也是技能

几个世纪以来，人们认为销售技能只是某一类人或是某个阶层的人天生具有的特殊才能，且只能世代遗传。

如今，销售在商业进程中发展到了一个新阶段，它被明确地定义为一种科学和一种技能，而它确实也兼具两者的特征。

首先，销售是一种技能，因为成功的训练表明，人们通过体验、学习或是观察，就可以习得某些特定的技巧和能力。如果技能指的是"提升某种行为表现的规则体系"，那么现代销售确实是一种技能，因为它建立在明晰的原理和既定的规则之上，而遵从这些原理和规则就能提升销售业绩。

我们现在常把销售称为"推销术"，但作为一个特别的研究分支，我们最好还是把它称为"销售学"，因为它表现出了"对销售真相及事实的认知、理解和洞察"。它是关于购买者和销售者精神状态的"协调、有序、系统"的知识，无论这些知识是在事物的本性中发现的，还是在观察和实验中形成的。销售还表现为"来自纪律、法则或训练的技巧或技术"。和其他科学门类一样，销售具有通用准则，并且能够被传授。

知识应用于实践便形成了技能。技能中的规则等同于科学里的原则。科学是知识，技能则是运用知识的手段。

因此，现代销售既是科学又是技能，我们可以通过对其科学原理和专业知识的学习和实践来提高销售能力。这些原理和知识是销售的基础，目前已经得到人们的普遍认同和理解。

什么是销售

我们通常把销售定义为"售卖商品和货物的能力"，或者是"为了转移所有权而签订协议"，但是，现代销售更恰当的定义应该是"推销的能力"。现代销售员必须具备推销的能力，唯有如此，才能取得成功。

那么，怎样才能具备推销的能力呢？首先，要学习现代人从商业实践中总结出的销售原理。其次，要有意识地锻炼自己的意志力，从而提高推销能力；陶冶情操、保持健康、举止有度；要学会观察客户，从而通过心理暗示来引导他的判断；要仔细研究和了解自己所售卖的商品。总之，用所有可能影响销售行为或是可能引起购买欲望的知识彻底武装自己。

现代销售员还必须知道如何接近客户，如何吸引客户的注意，如何展示商品，如何引起销售讨论，如何面对异议以及如何结束销售。他们还必须知道，在面对熟客或生客等不同情境下，如何引导购买者，如何维护长期客户并确保未来的销售业绩。

上文所说的大多数内容属于知识的范畴，销售员能够通过不断学习而掌握。自我训练能够弥补性格缺陷，身心是否健康和举止是否得体则取决于销售员个人。事实上，能否具备以上这些品质，完全取决于年轻人对自身能力的关注程度和勤勉程度。

优秀的销售员

一个著名的批发商总结了优秀的销售员所应具备的素质：

"在优秀的销售员眼里，交易不仅仅是交易，还是成就。优秀的销售员需要了解所售商品及其价值，也需要了解市场上的同类产品。他需要赢取和保持交易对象的信任，兼顾购买者和销售者的利益。他知道，如果对客户要价过高，或是让客户觉得买贵了，又或者让客户觉得受了欺骗，那么这样的销售是最无益的。优秀的销售员并不依赖所谓的'口才'，我所熟知的一位杰出的推销员就极其安静和低调。除了准备充分之外，销售员还必须对所售的商品充满信心，并充分展示个人魅力，交不到朋友的人是不可能获得客户的。"

销售员的待遇

成功的销售所带来的回报从没有像今天这样丰厚。人们或多或少都想从事销售工作。平庸的销售员满足于一般的回报，优秀的销售员期待较好的回报，而伟大的销售员则追求最好的回报。

不是每个年轻人都能成为伟大的销售员。只要腿脚便利，人人都能奔跑，但不是每个人都能成为伟大的赛跑选手。不过，正如严谨的训练能提高人们的跑步能力一样，认真的自我训练也能提高人们的销售能力。

接下来，本书将充分阐述关于销售原理的现代研究方法，并在最后列出业内认可的销售技巧，但愿想从事销售工作的人，能从中获得相关的基本知识，为成功打下坚实的基础。

C目录
Contents

第三部分　团队篇

第四部分 渠道篇

第一部分

素 养 篇

第一章
人人都可以成为优秀的销售员

成为移动的百科全书

一个年轻人从投身商海的那一刻起，就是一名销售员了。他在应聘首个职位时，就是在试图销售自己的服务，而他的销售能力则决定了他能获得多大的成功。在生活中，每一步都走得很顺的人，就是一个优秀的销售员，即使他可能从来没有叫卖过真正的商品。医生、律师、记者、会计或作家的目标，就是在最好的市场销售自己的服务、技能或知识，并获得尽可能高的回报。杂货商、纺织品商或是粮食交易商的目标则是把自己的商品卖出最高的价格，并且卖得越多越好。因此，销售活动贯穿于所有的商业行为之中。

职场人士同样需要懂得销售。那些不重视培养这一能力的人，其职业生涯往往是失败的。悲惨的职场事故数不胜数，这充分说明了，那些玩忽职守的人从来没有用心学习过销售的基本原理或是其他商业技能，原本这些是有益于他们的职业实践的。

既然销售能力适用于所有领域，那么所有人都应该认真学习。我相信有些人具备天然的销售能力，他们是天生的销售员。不过，大多数人也都具备潜在的销售能力，只要通过训练和学习，他们也能获得提高。但这一切首先要基于销售员自己的个性，销售员想要成功，就得具备成功者的品质。

在个性上有所欠缺的销售员，要通过学习和不断的自我警醒来弥补不足。人们可以在地基上盖房子，同样地，人们也能基于自己的个性来锻造商业品质。每个人都需要清楚自己的优点和缺点。

简单来说，成功的销售就是一种首先唤起他人欲望，然后促使他人下决心购买自己所售商品的能力。因此，销售员要恰当地训练大脑、提高智力，懂得根据客户的感受而行动，从而得到想要的结果。

人类的所有知识都可以用来训练大脑。对销售员来说，掌握的东西越多越好——第一，要了解所销售的商品或服务；第二，要了解整体的商业环境；第三，要了解基本的人情世故。

令人惊讶的是，许多人都只具备很少的基础知识。这可能是因为从孩童时代起，他们的父母就经常阻止他们提问，结果扼杀了他们的求知欲。除了生活琐事外，他们对什么都不感兴趣，并且对这个世界的现状和未来几乎漠不关心，生活得乏味而无趣。他们思想愚钝，因为很少训练大脑；他们语言匮乏，只能用几百个词语来简单表达日常的物质需求；他们变得孤僻自私，最终丧失了影响世界的能力。

职场人士在基础知识方面的缺失远远超出我们的想象。铁路办事处未经训练的文员，通常无法不假思索地说出客运总代理的名字，即使数百万旅客都熟悉这个名字；接待你的销售员可能根本无法告诉你商品的制造材料和过程，如果你问他美国在哪儿，他也只能咕哝一句"在南面"。

这并不是说成功的销售员一定要博学多识，而是要具有良好的知识基础。眼界宽广的人会对自身生活圈以外的事充满兴趣，他们毫不费力就能获得这些知识。

通常，我们可以通过谈话内容来判断一个人的品质和学养，绝大多数人可以由此被分成三类：第一类人善于思考且观点独到，第二类人善于评论人，第三类人善于评论事。当然，流言蜚语在以上三类人里根本没有立足之地。

敏锐的感觉和精准的判断力

大体来说，人类在形成关于某事或某物的观点之前，先就已经感知到了此事或此物。我们正是凭借感觉，认识到这是一本书或那是一双鞋，但在这个当口，我们尚未就此形成什么明确的观点。因此，通过培养感觉能力来提升认知能力就显得十分必要。

新手销售员要谨记，想收获成功就必须要先付出，要在商业实践中锻炼自己的判断能力和思维能力，而判断能力又是建立在思维能力基础上的。亲身经历和听别人的转述，会让一个人对同一个商业问题，做出完全不同的判断。

判断通常是基于经验的，所以我们才要不断积累经验。只要在特定条件下形成正确的判断，那么当相同的条件再次出现时，这一判断就同样适用。这就是经验带来的好处。

不过，在商业实践中，推理也是形成判断的主要思维方法之一。这些判断基于一般逻辑推理或他人在相似条件下获得的经验，是可以学来的。所有人形成商业判断的思维过程都是差不多的。因此，通过研究这一过程，我们就能了解或知悉他人的想法，或者至少是可能的想法，这在大多数情况下能让我们获得成功。需要注意的是，人类思维中存在着显意识推理和潜意识推理，此两者对我们的最终判断均有影响。

有些人做出的判断总能让他们的同事惊叹不已，因为这些判断往往又快又准。快速而准确的判断十有八九来自过去的经验，正是因为眼下似曾相识的情境唤醒了他们的记忆，所以他们能够快速检索出以前的经验，并自信满满地在当前条件下做出判断。

不过，我们认为商业判断并不一定要快，而是要深思熟虑，因为养成善于思考的习惯才是重要的。虽说思考可以既谨慎又快速，但深思熟虑更不易犯错。即使面对从未经历过的事情，思考力与想象力也会让人认识到事情的有利一面。

再怎么强调正确的商业判断的重要性和培养判断能力的必要性都不过分。每个销售员都记得错误判断所带来的惨痛后果，他们因此更渴望培养良好的判断能力。

新手销售员可能会问："我只是卖东西，为什么还需要储备基础知识呢？我为什么要记住那些与手头上的生意无关的信息呢？"

这是因为销售员在评估客户的同时，客户也在评估销售员。客户想知道他在和什么样的人做交易，而销售员在基础知识方面的匮乏，很可能会导致交易的终结。这会给销售员造成重大影响，有时甚至会摧毁他的自信。

拥有快速判断能力的生意人往往一眼就能看透一个销售员，他们不会把时间浪费在一个知识面狭窄、谈话无趣、无利可图的人身上。因此，销售员应该尽量扩展自己的知识面，有意识地提高记忆力，从而更有利于增加知识储备，并准确记住那些将来会用到的资料。

销售要玩转情商

自制力

我们需要学会克制太过情绪化的言行，时刻谨慎行事，避免一时冲动。事实上，想要通过重塑性格来提高销售能力并完善自身的人，都必须时时防范坏情绪，在与客户交流时尤其需要注意这一点，因为这将决定销售的成败。他要避免诋毁对手和对手的商品，在这之前要先防范邪念的产生，因为抑制了邪念，口头上的诋毁自然就会停止。**如果你试着站在客户的立场，你很快就会明白，诋毁别人的商品并不能让你卖出自己的商品。**说好话总比说坏话强。

注意力

自我训练的另一个重点是集中注意力。销售员要学会集中注意力，只有这样，他才能专注于手头上的业务，更好地思考和做判断。把话题集中在一个点上，有助于提升说服力，强化留给别人的印象。如果销售员在交谈中东拉西扯，很难一次性地表达清楚自己的意图和想法，自然也难以吸引和抓住客户的注意力。

优秀的销售员需要具备各方面的能力，因此，自我训练越全面，销售员的能力就越强。

想象力

丰富的想象力是成功的又一个关键因素。想象力被称为"人类活动的源动力"，它能激发人的梦想，激励人们为梦想而努力。没有想象力的人是不幸而无趣的。

销售员和商人对事业成功和声名显赫的追求激励他们努力向前，使他们士气高昂、善于忍耐——而这一切都源于想象力。想象力给世界带来了最伟大的发明，给制造业带来了巨大的进步，给商业领域带来了顶级的企业。

因此，对销售员来说，拥有丰富的想象力是一个可贵的优点。想象力也可以通过练习来增强。充满想象力的人并非就是不切实际，世界上有很多人都因为充分发挥了想象力而获得了成功。

意志力

销售员需要持续锻炼意志力。商业交易通常会演变成意志力之间的对抗。虽然意志力像肌肉一样可以通过锻炼来增强，但也必须坚持正确的方向：这种锻炼必须要建立在理性思考和准确判断的基础上。

坚强和倔强有着天壤之别。就像人们认为身体某个部位过度发育有问题一样，倔强也是意志力的一个缺陷。通过与他人对抗的方式来增强意志力虽很有效，但这种方式忽视了对他人造成的影响。公平交易永远是商业领域的上佳之选。

创造力和执行力

拥有非凡的创造力和执行力是许多成功人士的突出特点。他们性格坚韧，对自己的判断和推理充满信心。他们又总是率先行动，而不是反复权衡自己的行动会造成什么影响。他们不放过任何一个机会，时刻准备着主动出击而不是等待别人的引领。他们自己就是领导者。

执行力是又一个可贵的优点，它意味着斗志和自信。它像其他能力一样，可以通过训练得到提高。

自我训练的步骤

（1）塑造性格，为了一个具体目标而成为全新的自己。

（2）训练大脑，提高智力。

（3）储备基础知识。

（4）培养敏锐的感觉，提高思维能力。

（5）学会思考，练习判断能力。

（6）学会察言观色。

（7）懂得深思熟虑。

（8）避免偏见，克制愤怒、冲动。

（9）扩展知识范围。

（10）训练记忆力。

（11）培养想象力，激发斗志。

（12）锻炼意志力。

（13）培养积极进取的精神。

通过对照这份清单，绝大多数人都能认识到自己尚欠缺什么。我们应该特别注意并钻研自己欠缺的方面，从而弥补不足、改善缺陷，获得或强化优秀销售员所应具备的能力。

外在形象是商界的通行证

"售货员遍地都是，销售员却如此稀少，他们的缺席让商店经理陷入了绝望的境地。我可以让售货员站满商店里里外外，却找不到一半我想要的销售员。"

这段话出自芝加哥一家著名零售商店的经理之口，充分说明了商品的销售在很大程度上依赖于销售员的品格。

请记住，这位经理并非因为经历了一些惨痛的失败才脱口说出这番话的，他是基于自己丰富的大型商店管理经验和对商店销售需求的透彻了解才这么说的。

在很大程度上，商店销售员所应具备的品质正是所有其他类型的销售员都应具备的品质。这位经理的意思是，**商业领域充斥着卖东西的人，但他们并不是销售员。**

不管销售员从事的是批发行业还是零售行业，销售的原理都是一样的，完成销售所采用的步骤或是引导客户的步骤都是一样的。销售分为以下四个步骤：吸引客户的注意；唤起客户的兴趣；激发客户购买的欲望；引起客户购买的冲动，完成销售。

销售员的品质在以上每个步骤中都至关重要。那么，优良的品质都包括哪些呢？销售员在性格、形象、态度、举止上应该跟一般售货员有哪些区别呢？那位零售店经理是怎样看出销售员和售货员的不同的呢？能使销售员取得成功的个人品质有哪些呢？

销售要能洞察人性。优秀的销售员要有洞察客户的能力。首先，他要能区别不同类型的人；其次，他要能因人而异地恰当对待他们。有些人天生具有这样的能力，但在大多数情况下，这种能力是通过仔细观察、自我控制和持续关注来访者的言行举止而得到的。天长日久，这种洞察力会发展成为一种直觉，也就是所谓的"第六感"。像其他感觉一样，"第六感"可以通过训练到达一种很高的境界。

人们一般认为，女性比男性拥有更好的直觉。她们通常在看到一个人的第一眼，就立即清楚了自己的好恶，不过很多男性也是这样。可信的说法是，女性所谓的超级直觉仅仅是观察力及自控力无意识训练的结果，因此，如果男性有意识地训练自己的直觉，也能逐渐获得"一眼识人"的能力。相比一般男性而言，女性可能是更"亲近"（更能靠近观察对象）的观察者，因而她的直觉也更准。无论这种能力是如何获得的，它都是销售工作中一个可贵的优势。

不过，在观察客户的同时，销售员也是客户所观察的对象。因此，他的个人形象和留给客户的第一印象就非常重要。销售员要考虑的第一个因素就是个人形象。

在高等教育如此普及的今天，似乎无需再去强调个人形象在现代商业中的重要性。

服装不会成就一个人，但服装是个人形象的一个重要方面。优秀的销售员应该穿着得体，而不是穿得华而不实。他的穿着要适应产品销售的场合，不要赶时髦，着装风格不要太夸张。他的服装和举止都要满足职业需要。他必须努力做一名真绅士，就像努力去做一名专业运动员一样。

考虑到个人形象的重要性，我在这里引用了亨利·巴克斯顿先生发表在

《芝加哥论坛报》上的一段话，这段话非常中肯和实用，内容如下：

"你是同行业中级别薪水相同的销售员里穿得最好、最干净利落的吗？你会穿得邋里邋遢到一个脏兮兮的环境里谈业务吗？你是否因为沾染了油脂、泥巴和烟尘而看起来脏兮兮的？看看你自己。你是否因为长期接触客户而变得不在意或忽视个人形象？很多销售员便是这样。

"记得大约一年前，一个优秀的年轻人离开芝加哥去和农场主谈奶油业务。公司在商业目录中为这单业务设定的额度是 750 万美元。他为了让自己看上去和农场主一样，于是穿得很土气，但两个月过后，他一事无成地被公司召回了。他那廉价的草帽、蓝色的衬衣、挺括的长裤、沾满泥巴的鞋子以及满脸的胡茬并没有取得农场主的信任。

"要想让那个打算拿辛苦钱来投资的人信任你，你必须看上去值得信任才行。成功者的形象是一块磁铁，能够引来你想要的业务。

"你必须看上去是一个成功人士，着装必须能赢得他人的信任。客户对销售员的第一印象是销售能否成功的重要因素之一。当你出现时，不要呈现出一幅让人厌恶的画面——胡子拉碴、口臭、皱巴巴又肥大的衣服、破烂且沾满泥巴的鞋子、褪色的旧帽子、烟灰印子、口袋里漏出来的烟草袋绳，还有烟斗。不要抽烟斗，对别人来说，它一点都不好闻。留意你的牙齿，保持清洁。

"你的口臭会赶走很多订单。即使工作会让你变得脏兮兮的，你也要收拾得干净利落。

"如果你有机会获得晋升，自然会跟更体面的人打交道，你更要仔细地收拾自己。我敢保证，雇主在拜访你时，会以挑剔的目光上下打量你。准备出发吧，要像模像样。永远不要忽视或毫不在意你的个人形象。

"想象一下这样的销售员：头发乱糟糟，胡子已经三天没刮了，衣服脏兮兮，还有口臭，手指上都是烟草熏过的痕迹，衣服皱得像是穿在身上睡了一夜，破破烂烂的鞋子，油腻腻的脏帽子。虽然有点儿夸张，但这就是我们每天能看见的销售员的综合画像。

"**优雅，整洁，干净。看上去要像一个成功销售员的样子。记住，外表可以让客户信任你，也可以让客户不信任你。**照我说的做吧，你的销售业绩会得到提升。"

内在品格是最好的名片

不过，外在形象毕竟只是销售员人格的一部分，内在品格才更重要。

只有经过长时间的训练，人们才能在精神和智力上有所成长。

品格的培养永无止境。智慧、勤勉、有礼貌、有信誉，这些品格都是可以通过有意识的训练来获得的。品格是管理和教育的结果。

为了全面地提升品格，我们必须首先给自己树立一个榜样。只有善于向具有高尚品格的人学习，我们才可能有所提高。

内在品格与外在名声并不是一回事。真正的品格坚如磐石，是实现事业成功的基础。品格高尚的人不会放纵自己耍花招去欺骗别人。

只有高尚的品格才能让知识、技术、财富成为其拥有者的助力而不是阻力；只有高尚的品格才能让一个销售员实现他的最高目标，走上事业的巅峰。

下面是一些对销售工作有利的品格：智慧，得体，自制，礼貌，乐观，真诚。

智慧

每一种工作都要用到智慧，销售工作更是如此。有了智慧，销售员就会主动去寻找所有可能与产品相关的信息，运用观察能力去辨别不同类型的客户，并对人和事形成自己的判断。

如果说知识是履行责任的必备条件，那么没有什么比无知更令人怜悯了；如果有人认为知识不值得拥有，那么他真是愚蠢至极。我们应该追求知识而谴责无知；知识代表着进步，而无知代表着停滞不前；那些本该拥有知识的人辜负了他的成人身份。这些，我们真的明白吗？

专业销售员的智慧体现在他对人性的洞察和对所售商品的了解上。

得体

优秀的销售员必须表现得非常得体。为此，他需要有丰富的社交经验和处世经验。得体的人展现出来的既是智慧，也是对他人的体贴。得体就是在适当场合说适当的话，做适当的事。它会让你交到朋友，有助于你销售产品、维系客户，提升并维护信誉。与所做或所说的事情相比，做事、说话的方式更能体现出销售员是否得体。得体不在于说的话，而在于说话的语调，不在于做的事，而在于做事的风格。

真正的得体是由心而发的，不需要任何伪装。一个真正得体的人是很有修养的，他会由衷地为他人考虑。

自制

用自己的智慧来管理和控制自己的能力和性格，这就是自制。为了能在各种场合都表现良好，销售员必须具备自制力。自制力非常难得，它是严格自律和长期训练的结果。

拥有自制力的销售员能从容应对任何事情，缺乏自制力的销售员则容易因琐碎小事而烦恼。

不论是批发业还是零售业，销售员每天都会遇到很多令人恼怒的琐事，只有具备自制力的销售员才能从容应对它们。他能因出色的自制而无视它们，从而不生闲气。

销售员必须冷静地对待客户那些或真实或虚构的不满。冷静可以压制愤怒。

无礼、傲慢的人每天都会遇到，但礼貌、自制的销售员能够抚平他们的怒气。充满敬意的高尚心灵能够化解不愉快的事情，而得体、优雅总能让粗鲁的冒犯者自惭形秽。

自制源于精神自律，得体则源于商务礼仪和社交智慧。拥有这两种品格的销售员总能在进一步发展中保持自尊，并能融洽地进行交易。他会得到别人的尊敬、交到朋友，并维持关系、赢得信誉——这是商业活动中宝贵的无形资产。

一位销售专家说："争辩不适用于商业领域，销售员必须克制争辩的冲动。不管客户说的话多么不公道，多么以偏概全，销售员必须认识到对方正处于有利的位置上。显然，销售员需要保持昂扬的斗志和乐观的心态，这源于他的专业知识、宽容心态和对商业潜力的客观认识。"

礼貌

礼貌在销售工作中的重要性已毋庸赘述。想要让客户按照自己的意愿行事，销售员就必须尽可能在客户面前表现得令人愉悦和讨人喜欢。

告诫从事批发业务或是旅行推销的销售员要保持礼貌很可能是多余的，因为他们经常需要去拜访客户，而他们的态度在一定程度上决定了他们是否能获得接见。只有过了这一关，他们才需要进一步考虑怎样影响拜访对象的购买意愿。他们对礼貌的重要性心知肚明。但我们必须要承认，从事零售业的销售员经常缺少基本的礼貌。

对从事零售业的销售员来说，礼貌就是"对所有遇到的人，我们的言行举止都要亲切、和蔼和真诚"。不管是对径直来前台的客户，还是仅仅来店里随便看看、随便问问的来访者，又或者是和我们怀着相似的目的和利益来谈业务的同行，我们都要表现得很有礼貌。

在日常业务中是否需要一直保持礼貌呢？对那些因为得体、自制或良好的教养而受益匪浅的人来说，答案无疑是肯定的。对那些有时拿不准该怎样做的零售业从业人员来说，保持基本的礼貌将非常有用。

乐观

乐观的心态与乐观的思维习惯密不可分。在商业往来和社会交往中，乐观的精神都很重要。培养乐观的精神，对销售员大有裨益。

在拜访客户以及聆听客户需求的时候，销售员的及时回应是非常有价值的。而敏捷的回应，正来自销售员对自己及所售产品的信心。

各个商店里那些拔尖的销售员总有业务可做，客户甚至会点名要他们来服务。如果仔细研究这些销售员，你会发现他们十有八九很受客户的喜爱，因为他们的态度赢得了客户的信任，他们对客户的需求反应迅捷。

真诚

真诚是对销售员的又一个基本要求。销售员不仅要关注自己的切身利益，还要让他人明显地感受到自己的真诚。真诚可能体现为热情地演示产品、及时地回应客户的需求、千方百计地获得客户的认可。销售员必须具备这一品质，否则的话最好改行。如果他缺乏真诚，只可能失败；但他如果具备了这一品质，再加上勇敢、耐心以及对自己和雇主的忠诚，他一定会走向成功。

在基于自己的个性而塑造商业品格的过程中，销售员需要不断投入时间和精力，但这会带来丰厚的回报。良好的商业品格会让销售员持续获益。

销售的专业主义

销售是一门科学

在这里，我们并不是要探讨现代销售的超自然特征。有时候，这些特征反而会让新手销售员感到混乱，使他以为，为了完成销售，就必须去催眠客户。

真正的销售科学与神秘莫测的心理学效应无关，而是与公认的智慧及行动准则有关：什么时候将哪一条经验应用于实践，才能获得成功。

我们稍后会讨论通常所说的销售心理学的几个要素，但在此之前，我们应该打消这样一个念头，即为了成功销售产品，需要上一门催眠暗示课或在销售中招摇撞骗。这样的想法与事实相去甚远。销售不是玄学，不需要超自然的资质。它是实践性很强的一个学科分支，其基础是流传千古的一些常识准则。

销售是推销产品的艺术，其所用的知识源于一些久经检验的方法和技巧。

递给你一包早餐，然后收下你的钱作为交换，这样的售货员不是一个专业的销售员，而是一个普通的卖东西的人——并且可能是卖东西的人里面极普通的一个。他的销售能力完全经不起销售实践的检验。自动售货机也能做他所做的事情。自动售货机每天都在卖东西，它恰到好处地演示了什么是普通的售卖：仅仅是以商品来换取等值的金钱。

在某些方面，售货机比普通售货员更有优势。你无法一看见售货员就知道他在卖什么，或者一听见他说话就知道他在卖什么。他可不会为商品做广告，但大多数自动售货机可以做到。在好的地段，一台自动售货机会比一个活生生的售货员卖出更多的商品，因为后者对买卖的热情受到下班时间和发薪日的影响。

一个著名的销售经理说过，市场上干销售的人太多了，已经是供过于求的状态。虽然他们也被称为销售员，但并没有什么特别的意义。

要学会专业的销售，必须要不断学习销售知识并应用于实践，因为销售的环境一直在改变，你不可能以同样的方式把商品卖给不同的人。

专业的销售员会全面考虑每一次销售的例外因素，审慎地思考每一次销售的特殊环境和条件。当成功地完成一次销售之后，他会去研究和总结规律和方法，使自己能够以最小的努力和最少的花费完成下一次销售。简而言之，他持续学习，不断总结规律，并以此来提高自己的销售能力。

专业销售员的必备品质

下面列举的是专业销售员所应具备的一些品质：

（1）良好的教育

在很大程度上，良好的教育并不取决于早年上过大学的优势，而是取决于良好的语法教育所打下的坚实基础。什么时候开始都不晚。如果缺乏良好的早期教育，销售员就要尽快通过自学来弥补这一缺陷。接受过良好的教育是商业教育进一步发展的坚实基础。

（2）学以致用

学习任何一门商业类学科，尤其是销售学，都必须要像学习语言、文学、法律、医学一样认真，并积极地付诸实践。这样才能为职业生涯做准备。

永远记住，专业的销售员与普通的销售员之间的区别就在于，前者不断学习相关的行业知识，后者则认为学习是没必要的。这也是一个普通销售员在行业中难有发展的原因。他不适合行业的需要。

普通的销售员到处都是，正如我已经说过的，他们充斥在市场的每一个角落。但那些叱咤商界的店主、制造商和大商行一直孜孜以求的，却是那些虽然早年受教育较少，但通过自我学习和实践而获得销售能力的人才。

（3）追求上进

好学的销售员不但仔细观察客户的性格，还仔细审视自己的性格。他努力发现自己的缺点和不足，并用意志力去弥补它们。他小心打理自己的形象，学习恰当的表达方法以及因人而异的交往方式。在任何情况下，他都谦恭而有礼。他用得体的言行来维系客户。如果他性格上有缺陷，他会设法弥补，以此来让自己变得和蔼而受欢迎。

（4）自我约束

自我约束的重要性我已经阐述过了。专业的销售员必须控制自己的脾气，约束自己的语言，从而避免冒犯客户。当他发现自己与客户的相处方式不恰当时，他必须要立即改变策略。即使某些场面很考验人的脾气，他也必须保持体面和自尊。

（5）洞察人性

优秀的销售员必须要研究人性、洞察人性。他要学会评估与客户会面的情形，为将来的拜访工作做好准备。如果场合于己不利，他就会聪明地撤退。他能够接近那些其他人很难接近的人。他不会以相同的方式接近不同的人，而是在拜访客户时仔细辨别客户的类型。总之，他善于运用科学知识或是从人情世故中获得的知识。

（6）过目不忘

专业的销售员要注重培养自己的记忆力，记住客户的面孔、名字以及与客户或潜在客户联系过程中的所有细节。他要记住很多人，并在再次见到他们的时候想起他们。当然，销售员的记忆力不可能好到把繁忙的一生中所遇见的每一个客户的所有事情都记住。因此，专业的销售员要懂得使用备忘录来帮助自己记忆，同时将它们分门别类，以供参考。

他的座右铭应该是，记忆力和备忘录。

（7）精明而诚实

销售员要机智精明，但不能欺骗客户。他所说的每一句话都要合乎事实，这是唯一安全可靠的方法。

（8）熟知产品

销售员既要研究自己的产品，也要研究竞争对手的产品及其销售方法。他越是了解对手的产品，就越能指出自己产品的优势。

专业的销售员从不会忘记竞争的存在。商场如战场，那些聪明的头脑在处处与他作对。但他不会以鄙视竞争对手或诋毁对方的产品来作为销售自己产品的方法。即使是面对竞争对手，他也是尽量广交朋友而不是四处树敌。他会尽可能获得竞争对手及其产品的信息，这对他销售自己的产品很有帮助。他不满足于现有的方法，即使它们很有效；他总是乐于学习新的方法，不断提升自己，改善自己的销售方法。

（9）坚持不懈

优秀的销售员既勤奋又坚持不懈，也就是所谓的执着。他不会因为客户的拒绝而放弃，他会努力找出失败的原因。当他弄清楚客户为什么拒绝购买自己的产品之后，他就会制定一个新的方案，回到客户那里再试一次。

他不会浪费时间。在工作时间之外，他仍然想着自己的工作。他把公司的利益当成自己的利益，忠诚于老板和销售部门的上级主管。同时，他野心勃勃，不愿意听天由命。"不断向上"是他的座右铭，而他一定会爬得更高。

（10）突破常规

专业的销售员拒绝墨守成规。他透彻地研究过自己所在的行业，从而能够提出新的销售方法，并把它们应用到自己的工作实践中去。他把成功的新方法上报给公司，让同事们都获益，从而引起大家的注意。通过不断吸收新的销售知识，他提高了自己的销售能力，拓展了业务，巩固了与客户之间的联系，从而增强了公司的实力。

销售业绩的提升依赖于这样的人，他们通过坚忍不拔的努力而获得并提升了自己的销售能力，他们把自己的所有能力和精力都投入到了销售中去。

所有这些努力都是值得的。普通的销售员可以成为专业的销售员，专业的销售员可以成为专家，而每个人都能通过正确的努力来强化自己已经掌握的东西。

第二章
优秀的销售员都是心理学家

销售就是"贩卖"信赖感

销售心理学是一门科学或一类知识的综合，它涉及商品销售这一行为（也可称为艺术）过程中所发生的思维活动或精神活动。对于那些能成为客户与销售员关系基础的抽象准则，或者那些在销售过程中逐渐被意识到的心理过程，聪明的销售员会很感兴趣，他们会把这些知识运用起来。

我们已经阐述过，销售是一门科学，也是一门艺术。当科学知识被运用于实践或实际的商业运作中时，它就变成了一门艺术。

在研究销售心理学的过程中，我们必须先接受这样一个最基本的原则：销售员会自觉或不自觉地唤起客户理智、感情或意志中那些最本质的东西。

对于一个专业的销售员来说，拥有销售学的一些抽象的理论知识是一大优势。这些知识能指导销售员的行为，使其对客户施加他的全部影响力，从而达成目标。换言之，就是能让他恰当地展示商品，做好销售的收尾工作。

这种理论的重要性想必已经被强调得太多了，但是，正如耶鲁大学的哈德利所说："当一个人熟练掌握了关于自己职业的基础理论知识时，相较于那些主要依靠自身狭隘经验的同行，他便有了巨大的优势……简而言之，每个人不仅要掌握职业技能，还要了解与之相关的政治经济学……我相信这一学科所做的对于社会效用的理论研究，不仅不会阻碍那些实用科学的发展，反而会促进它们的发展。如今存在的最大问题，是我们高估了那些对公众有切实效用的实用科学，又低估了那些看似抽象且与现实相去甚远的理论研究，这是需要我们去解决的。"

信赖与暗示

首先要记住，想要成功售出商品，销售员跟客户的思维必须同步。在情感和意愿上，他们都要达成一致。这种一致在很大程度上依赖于销售员对客户的暗示和客户对销售员的信任，这是显而易见的。

为了让客户对销售员产生信任，接受他所营造的场景，销售员必须对自己和自己的产品有信心。销售员必须保持自信，这样才能把这种自信传达给客户。

自信的人是值得信任的，值得信任的人能够给予听众强有力的暗示。

在人际交往或商业活动中，我们操控着别人的行为与情感，反过来也会被对方影响。人类的历史充满着对精神力量的展示。想要赢得法律诉讼，靠的不仅是逻辑，还有说服力。一个能言善辩的演讲者或演员会产生精神力量，对别人施加强大的影响。他们完美的表达艺术会迷倒别人，让别人产生同感，从而坚定不移地赞同他们的想法。这些经历，我们谁不曾有过呢？这是精神力量的指引作用，它具有一种吸引力，能在听众犹豫不决的情况下，作为一种积极而主观的意识去打开他们消极而客观的意识，使得他们接受这个暗示。也就是说，这是一种用积极的精神力量去影响消极精神力量的行为。这种施加在听众身上的影响，就源于演讲者展现出来的自信。

信任的基础

我们会对别人产生各种印象，如，觉得对方值得信任或不值得信任等。这些印象是发生在潜意识层面的，不论我们如何努力，都无法强行扭曲自己的第一印象。我们之所以对别人产生信任，是因为别人吸引了我们的注意力，或是因为我们的同理心。在销售过程中，如果想让客户对你产生信任，首先必须吸引他的注意力。注意力既是客观的，又是主观的，既是理智的，又是情感的。举例来说，当我们向客户展示样品时，他的思维就是开放而且主观的；当我们对客户谈及商品的效用、商品可能产生的益处或者商品的受欢迎程度时，他的思维就是封闭而且客观的。因此，最有效的做法是把冷冰冰的产品介绍穿插在产品展示的过程中。

激起客户的兴趣

激起目标客户的兴趣，对于销售员来说很有必要。为了达到这一目的，他必须做到：熟知自己的商品；懂得人性；能用正确的方式说正确的话；行为恰如其分；保持真诚的态度；恰当地展示商品。

销售员只有全方位了解自己的商品，才能对客户阐述它的优点，引起客户的兴趣。要做到这一点，销售员在表达上就不能有犹豫，在语气上也不能有疑虑。面对质疑，他要能做出及时且果断的回答。

销售员必须懂得人性，这样才能解读客户的心理，才能对特定的情况做出回应并采取行动。最基本的一点是销售员得有自信，自信才能赢得客户的信任。

销售员所使用的语言、阐述方式、语调都要符合当时的情景。他所说的话，其实并不比他的说话方式更重要。要想给客户留下深刻的印象，吸引他的注意力，激发他的兴趣，关键不在于说了什么，而在于说话的方式。

商品介绍要经过深思熟虑，要清晰，要让客户能够跟上你的表达，仓促的表达只会分散客户的注意力。因此，一次只能讲一个要点，彻底讲清楚之后再继续下一个。

通常来说，提问的方式能够激发客户的兴趣，唤起他的思维活动。如果客户思维散漫，不专注于眼前的事物，不关心你说的话，也不关心你所展示的商品，心思完全在别的地方，那么你的表现就很成问题了。

销售员的语调要经过特别的训练和调整，让人听着舒服。悦人的声音很有魅力，能够吸引多数人；刺耳的声音、毫无高低起伏的说话方式则会让多数人心生排斥。

销售员的仪态和举止都要经过仔细考虑。要记住，一个人通过声音所传达的话语和思想，可能与他的行为举止所表达的内容截然相反。

在接待客户时，不同类型的销售员要有不同的姿态。做批发业务的销售员可以站着，也可以坐着，做零售业务的销售员就只能站着。

在商业活动中，真诚是最基本的要求。如果客户感受不到销售员的真挚，是不会对商品产生兴趣的。销售员既要营造出不同的销售场景，也要相应地培养出不同的自我控制能力。真诚的态度往往很有感染力，它能影响客户的思维，帮助销售员很好地完成销售。

不管销售员如何展示自己的商品，都必须完全吸引到客户的注意力才行。展示的目的在于体现商品的优点。说服客户他很需要这些商品，然后把话题引向购买。一旦客户被说服了，并认为自己非常需要这些商品，此时，他就已经准备好付钱了。

不动声色的暗示

暗示和说服在销售中非常重要，且经常被用到。销售员的目的在于让客户对商品产生购买欲。这可以通过说明事实和引发讨论来达到，也可以通过煽情的商品描述来达到。

在这里，我们要对理智与情感做一番辨析：我们通过理智认知事物，而认知到的事物能唤起我们的情感。因此，优秀的销售员会同时使用两种不同的说服方式：理性暗示和感性暗示。

对于以理性思维为主的人来说，要成功吸引他们的注意，就得摆事实、讲道理。对商品情况的叙述、对商品的实用性的描述以及较为客观而确凿的论据，都能给他们留下深刻印象。这就是我所说的理性暗示。

想象力丰富的人则容易被感性事物打动，漂亮的、能引起他们好奇心的事物都能吸引他们，激发他们的喜爱。这就是感性暗示。

感情强烈的人往往受情绪支配，他们在威逼利诱之下就会乖乖掏钱。不过，威逼利诱的非法的。幸运的是，这些感性的人大多数都没有经历过非法交易。优秀的销售员也不屑于使用这种方法。

人们发现，在各种引导、教育手段中，暗示是非常有效的。暗示即说服人的大脑，因此，所有的引导、教育都是暗示的结果。我们一定要重视暗示的作用。

零售业中的暗示

在零售销售中有很多常规事项，如商品的成分、产地、品质等。销售员必须学会放大这些事项的特色，如强调这是来自谢菲尔德的餐具，是来自康涅狄格州的银器，是来自哈瓦那或马尼拉的雪茄，是来自巴黎或纽约的最新款的帽子，是来自德累斯顿的瓷器，是来自明尼阿波利斯市的面粉，等等。

客户通常会选择那些有着上佳品质的商品，因为它们跟劣质品的差别一目了然。这种差异可以成功地唤起客户的虚荣心。

一个做零售业务的销售员一定要清楚地知道销售的目的以及商品的各个组成部分，也要想好怎样介绍商品、怎样收尾，记住要提到的所有细节。在销售适合做礼物的商品时，他要熟悉商品可以被赋予哪些情感意义，以便成功唤起客户内心感性的一面。

不管在哪种形式的销售中，话题一直围绕着价格打转并不是一个好办法，谈论价值才是最有效的。不过，对于做批发业务的销售员来说，必须要熟悉商品的价格、折扣、合作条件等方面的内容。

暗示销售的要素

对于从事零售业的销售员来说，要想成功地完成销售，就必须从智力、情绪和意志三个层面对客户进行暗示。方法如下：

（1）智力层面：

①判断和比较商品的品质、用途、价值、构造等，并放大其特色。

②具有幽默感和感染力，激发客户的理想、美感、想象力和经济敏感性。

（2）情绪层面：

①强调商品的情感价值和购买商品的好处，激发客户的好奇心和惊讶

感，通过赞许和恭维，激发客户的骄傲、自尊以及爱国情感等。

②强调父 / 母爱的伟大，激发客户的节俭、精明和谨慎的本性。

（3）意志层面：

通过智力和情绪的暗示，促使客户做出购买决定并完成付款。

这就是暗示销售。

暗示动作

暗示动作对完成销售来说意义重大。举例来说，当一个销售员在推销运动装备时，暗示动作就尤为必要。他可能花了很长时间来介绍运动装备，但却没能激起客户的兴趣。而当他击打拳击沙袋，示范哑铃动作，操弄肌肉锻炼器具或划船练习架时，这些行为立刻唤起了客户的情绪。我们在这里看到了实际演示的重要性。在销售过程中，要始终记住这一点。

要尽量以最全面、最实用的方式演示商品。销售员要培养观察力、想象力和创造力。他应该是一名积极的思考者，从而使自己适应环境或控制环境。

对产品有了具体了解，对人性有了抽象了解，具备了观察能力和适应能力，销售员就能给自己带来利益，给客户带来价值。

说服：把话说到对方心里

说服是销售过程中的重要武器。如果我们分析客户在交易过程中的思考过程，就会发现一定是这样的：信任—感受—信服—行动。说服能调动客户的感觉或情绪，如骄傲、同情、悔恨、爱国主义、利己主义等。

销售员的目的在于激发客户的需求和欲望，所以展示商品是很有必要的。仅仅告诉客户他需要买一台机器，他是不会购买的。销售员要给客户展示机器，吸引他，激起他的情感和占有这台机器的欲望。

要唤起对方的某种情绪，销售员必须先有同样的情绪。所以，他必须认识到自己的商品的优点，才能传达出急切地想拥有这件商品的感觉。在一些案例中，一些客户的内心情绪被唤起之后，往往非常强烈。

展示优点

如果目标客户的感受不足以引起他的欲望，销售员就要努力扭转这种局面，尽可能地展示商品的更突出的优点。也许客户事先已青睐别的商品，但只要销售员能够更有技巧地展示商品，把商品的优点恰到好处地体现出来，就能改变客户内心的想法。要成功做到这一点，销售员所拥有的知识就得适应客户内心的需求，只有这样，才能很好地引导对方。他所有的精神力和意志力都要专注于改变客户的喜好。

论证充分

在销售过程中，理性的销售员要能够通过与客户的交谈和讨论，判断出客户到底在想什么。

深思熟虑、逻辑严密的商品介绍是很有优势的。在论证的过程中，销售员要学会使用不同的理论武器，也要讲究章法，把最有力的论据放在最后。

在多数情况下，唤起客户的利己之心是最有效的销售方法。例如，告诉他这个商品能为他省钱，等等。

向客户指出商品可能会为他带来的利益、便利、舒适感，或者告诉他商品的独一无二性等，都能吸引客户。唤起他内心的渴望之后，他就会信服你，销售也能顺利进行。

引起兴趣

如果客户已经开始信服你，你就要用更直接的方法引起他的兴趣，影响他的思维，比如，在展示商品的主要优势时，直接反问道："难道我说的不是事实吗？"

在这个过程中，你还需要恰当而微妙地对客户的想法表示恭维。如果你能通过这种方式让他逐渐认同你的说法，剩下的部分就会变得相当容易了。

唤起情感

为了吸引那些容易受情绪支配的客户，销售员有时候可以展示出错误判断所导致的负面后果给客户看，这种方法是很有效的。销售员通过详细论述商品的优点，暗示客户购买商品后获得的好处，就能把那些更贵的、品质更佳的商品推销出去，因为这种办法能唤起客户的虚荣心。

细节方面的解说通常会让比较情绪化的人感到迷惑。面对这样的客户时，要谨慎使用此方法。

销售员的主要目标是找到客户的核心诉求，也就是找到最能吸引他的地方。这一诉求可能是商品的实用性，也有可能是多功能性，还有可能是有利可图，又或者是便宜、独家售卖，等等。找到这一特色，然后再找到能让这一特色成立的论据。

说服的三个要素

为了吸引客户的眼球，发挥说服的威力，销售员要和客户建立起直接的即时联系。亚里士多德认为，一个优秀的劝说者应该具备三种品质：见识、好意、美德。

见识——人们乐于被有见识的人所引领。想要改变他人的思想，就一定要见多识广。人们越是跟有见识的人看法相似，就越是会敬佩他。因此，除了见多识广之外，还要尽可能和你想要影响的人保持意见一致。不过庆幸的是，人们对很多事情和理论总能保持意见一致。对客户的意见表示赞同，会让他觉得你更亲切，否则，两个人就会产生分歧。

好意——如果一个人具备了见识和美德，似乎就不再需要好意了，因为见识会确保他实事求是，美德会确保他拥有公正的信念。但是，具备了见识和美德的人还必须时刻挂念着别人的最高利益才行，即心怀好意。如果他敌视别人的珍贵意见，就不可能对别人产生更大的影响。这么看来，亚里士多德提到这个品质是很有必要的。

美德——见识和好意已经足以让演讲者和作者（或是销售员）胜任，因为前者意味着能力，后者意味着在不违反道德准则的前提下提出最好的建议。但亚里士多德坚持认为美德也是必要条件，因为虽然一个人不可能对自己作恶，但有能力的人也可能表现得荒唐、盲目冲动、不懂变通。这样的人不是一个好的顾问。

销售不是体力活，而是脑力活

好的销售方法并不神秘，只是很多销售员没有能力独自构想出这些方法而已。他们虽然了解了接近客户、演示产品和完成销售的基本步骤，但他们没有最大限度地意识到精神的影响力。这种力量魅力十足，我们随处就能看到一个人的精神是如何作用于另外一个人的，就好比磁铁作用于铁一样。我们知道异名磁极相吸引，同名磁极相排斥。我们也知道，在某种条件下，经由言行举止表达出的思想会吸引他人，引导他们朝你设定的方向走去，但在另一些条件下，相似的表达却可能引发分歧。

销售员的大多数快乐在于他了解成功的方法。那些不知道为什么成功或失败的销售员，并不会真正享受到工作带给他的快乐。他可能具备成功所需的一切能力，但如果这些能力没有经过恰当的训练和运用，或者被毫无章法地乱用，他照样不会获得成功。因此，理解每个销售步骤有怎样的效果，以及为什么会有这样的效果，对销售员来说是非常有好处的。换句话说，销售员应该彻底理解他的工作，并且能够带着这种理解去运用自己的能力。

理解力不足

事实上，很多人不知道自己是如何成功卖出商品的。他们工作努力，但缺乏对客户心理的理解，甚至缺乏对自己的理解。

有些人满足于已经取得的成就，不想自找麻烦地去探究成功的原因。这些人不了解自身，肯定会得到教训。

这样的人有时会被认为是"天生的销售员"。他们在日常业务中使用了专业的销售方法，但不自知。如果偏离这些惯常的方法，他们很有可能会失败，而知识的缺乏让他们无法找到失败的原因。因此，这样的人最好能意识到了解自己及自己的销售方法的必要性，并能根据系统的销售知识来梳理自己的工作。

对于那些对工作敷衍了事，完全不考虑规律、原则或先例，只相信运气、侥幸、自信以及所谓的经验会帮助他们解决问题的销售员来说，也是一样的道理。

自我检查的必要性

每一个销售员都要经常问自己为什么会成功或为什么会失败。专业的销售员会走得更远，他会分析自己的每一笔交易，记录分析结论，以供未来参考。我也见过很多销售员，他们一旦卖不出去产品，就会把失败归咎于经济萧条、资金不足、金融动荡、就业困难、政治运动、关税壁垒等，而完全无视那些更专业的同行每天都能卖出产品的事实。他们抱怨自己不走运，把失败归咎于环境，但环境和失败毫无关系。

在这种情况下，失败的销售员完全忽略了精神的力量。

抢占对方的大脑

实用心理学知识是开展业务的一个强大的理论武器，不同行业里那些有思想的人正在密切关注它。销售不是体力活，而是脑力活。两个人到森林里去砍伐树木，砍得多的一定是那个肌肉强健且非常懂得运用肌肉的人。两个人进行销售竞赛，胜出的一定是那个为了业务而武装头脑、训练思维的人。除非你了解自己的头脑，了解思维运行的规则，否则你不会把头脑武装、训练得很好。从业务的角度来说，一个人对自己的最重要的了解，就是识别自己的能力及其发展潜力。这其中更重要的一点便是人格魅力。有些人很容易赢得别人的赞同，他们提出来的几乎所有建议都能得到至少是大多数熟人的赞同。这一特质不是因为他们的逻辑性——他们论证和推理的能力，而是因为听众的敬仰。听众虽然是听完所有论证才做决定，但他们在听的过程中就迫不及待要赞同演讲者的主张了。

几年前，在芝加哥有过一场著名的演讲。演讲者是一位默默无闻的国会议员，他是从某个不知名的西部小镇来到芝加哥的。他的人格魅力在这场演讲中体现得淋漓尽致，对很多听众产生了不可抗拒的影响。他不需要强迫听众接受他的观点。他只要一开口，大家就立刻表示赞同。在鼓掌声中，这个来自西部的男人取得了领导地位。大家一致通过决议，任命他为美国总统，把其他候选人远远甩在了身后。

精神的力量

宗教人士认为"灵魂的力量"在某种程度上能够控制别人。从科学角度来看，这样的特质其实就是"精神的力量"。这种能让他人见自己所见、做自己所需、想自己所想的力量叫什么名字不重要。重要的是，销售员是否能够运用它来提高销量。有些销售员证明它可行。他们很少被拒绝。一旦遇到这类销售员，那些抱有偏见的冥顽不灵的客户就忘记了他们好斗的本性。这类销售员轻易就能拿到订单，他们既不会浪费时间，也不会刻意劝说。每个人似乎自然而然就同意了他的观点，接受了他提出的想法，并且几乎完全按照他的要求去做。他正在有意无意地将这种所谓"灵魂的力量""精神的力量""个人吸引力"付诸实践。

销售拼的是心理

心理学家并没有给我们提供任何能够提升精神影响力的公式。但是，对此感兴趣的人不妨自己思考一下。

想要提升这种影响力，首先就要认真研究那些有天赋的销售员，研究那些使用这种能力获得成功的销售员。

一丝不苟

这种人通常非常认真，他们的脑子里只有一个想法：取得事业上的成功。

他们的认真会增强他们的表达力和说服力，从而成功地影响客户。

我们经常遇见这样的情况：一个无知、迟钝的家伙平时无法用语言很好地表达自己的想法，但在危急关头却突然说得非常流利，虽然语法未必准确，他的表达也未必那么精彩和有力。

这是因为，他不得不把平时的交流障碍抛在一边，认真应对眼前的危急状况。

同样的道理，当一个人想要逃离突如其来的危险时，他总能表现得比平时更机智。

融入环境

想要提升精神影响力，第二步就是要尽可能地融入工作环境。为此，他应该和经理，和公司的其他人和谐相处，没有不愉快的过往。他应该完全认同自己所销售的产品，应该对每一位前来交谈的客户有同理心。这一点很重要。有些销售员似乎认为，自己在面对客户时只要维持表面的礼貌、耐心和周到就足够了。

因为无知，客户的拒绝理由也许很荒谬；因为狭隘，客户可能抱有偏见。因此，在对客户的价值观进行引导之前，必须要先提高他的认知水平。不那么认真的销售员会讨厌这一缓慢冗长的过程。他会以最亲切的方式和客户交谈，但在心里却认为他是个笨蛋，奇怪这样一个落伍的人是怎样生存下来的。客户虽然不能从销售员的语言里获知他心里在想什么，但依然会受到销售员负面思想的影响。即使客户最终下单了，那也只是因为销售员的劝说让他筋疲力尽，或者是因为他羞愧于自己的谈话技巧。需要指出的一点是，他并没有受到你的精神感召。

毫无保留

认真的销售员总会毫无保留地为工作付出。他会想方设法去引导客户，会快速熟悉环境、融入环境，会跟客户达成相互理解，就像惺惺相惜的两个人之间的感觉一样——在试图影响他人之前，一定要做到这一点。

不要试图用催眠术或类似的方法来诱导别人，不要试图对客户的意志力发起进攻，因为这既不公平也不实际。但是，如果销售员具备了激发客户的兴趣和善意的能力，客户就会自愿按照一个催眠师要求的那样去做。一旦具备了这样的能力，销售员就离成功不远了。

身心平衡

对销售员来说，准确理解心理因素的作用非常必要。

心理因素对生理功能的影响是非常明显的，特定的器官特别容易受到特定心理的影响。强烈的仇恨、突然爆发的脾气、无法遏制的愤怒和某些形式的担忧对肾脏都有很坏的影响，会加速肾脏的器质性病变。过度的自私会严重影响肝脏，而忌妒，特别是长期的忌妒会强烈影响肝脏和脾脏。众所周知的是，强烈的、长期的忌妒对心脏具有极其有害的影响，而担心、焦虑、恐惧、愤怒等不良情绪也一样，如果持续时间很长的话，其负面影响尤其严重。无数人死于由激动引发的心脏病。精神性休克和情绪的剧烈爆发经常导致黄疸。人们的坏脾气通常是由长期的沮丧、恐惧和焦虑造成的。

一个医师说过："我惊讶地发现，造成肝癌的原因是长期的悲伤或焦虑。"英国著名的斯诺博士认为，焦虑和担忧是患大多数癌症的原因，尤其是乳腺癌和子宫癌。B.W. 理查森先生认为，皮肤过敏源于过度的心理压力。这名优秀的医师说："值得注意的是，很少有人去研究造成生理疾病的心理原因。"这些不同器官的结构性改变缘于心理变化所带来的有毒物质。

细胞、大脑、神经组织等共同组成了我们的身体，它们对每一个心理过程都非常敏感。在某种意义上，身体是大脑的延伸，每一个想法、每一种心态、每一种情绪都会被立即传送到距离大脑最远的细胞。如果心理失调、情绪败坏，就会破坏这些细胞。许多人由于长期的忧郁、担忧、恐惧和其他心理失调而整个生理系统被严重破坏，结果导致身体的崩溃。

爱是人类的天性。任何偏离爱的心理状态都会导致身体状况的无序和混乱，因为它们违背了人类的天性。但是只要假以时日，所有人都能摆脱对身体有害的心理状态。

改变有害的心理状态并不困难，你只要用有益的心理状态取而代之即可。协调会取代不协调，仁慈和爱会消灭忌妒和仇恨。只要我们主动去设想开心快乐的场景，沮丧忧郁的想法自然就会走开。

当我们学会消灭血液系统、消化系统、呼吸系统中的有害物质，学会保持积极的想象、纯洁的思想和光明的理想，学会运用让生命保持有序和纯净的力量，我们才算懂得了如何生活。当我们学会用爱和仁慈去矫正仇恨心理、忌妒心理，掌握用调和的心理矫正失调心理的诀窍，学会用正面的心态提振精神，我们的文明才会飞速向前发展。

直面敌意

一家公司登广告招聘员工，列出的其中一项要求是"他必须具备应对敌意的能力"。显然，这家公司需要的是一个坚毅、勇敢、有恒心的年轻人，他不会轻易被打败，不会一遇到困难就放弃。

一帆风顺的时候，人人都是伟人；但遇到对抗或摩擦的时候，很多人就束手无策了。当事情完全按照他们的方式进行且没有任何困难和阻碍时，他们往往表现得强壮、机智、别出心裁、充满活力；但如果遇到障碍，身处逆境的时候，他们的勇气就一泄到底了。

奥里森·斯韦特·马登博士说："我记得，有一个人在生意一帆风顺的时候，取得了奇迹般的成就，但当他的首席助理辞职、他和合伙人产生分歧或是他的公司稍有亏损时，他的力量就消失了，他变成了一个毫不起眼的人。一丁点儿的摩擦和不顺就能让他的心理彻底崩溃。事情很顺利时，他卓尔不群；遇到困难时，他狼狈不堪。我从来没有见过一个曾经如此强大的人，在困难面前竟然这般绝望无助，他看上去根本就不像他自己。他精神紧张、焦躁不安、愁眉苦脸、虚弱无力，完全不像他曾经的领袖模样。这样的人有很多。他们在顺境中能创造奇迹，但在逆境中就比较差劲。能够振作精神、充满勇气，从容面对困难的人才是真正的强者。

"最近，我正在和这样的一个年轻人进行交流，他是一家大公司的高层主管。他告诉我，除非会影响公司的收益，否则他绝不会带着麻烦和困难去见老板。他认为自己拿了薪水，就要竭尽所能地为公司解决经营上的问题。每家公司都想要这样的员工：能够独立解决问题，不会遇到一点儿困难就去找上级。"

第三章
走向事业的成功

销售永不消亡，但会一日千里

商业的发展遍及全球，为志向远大的人们提供了最为广阔的发展空间与最多的机遇。商务人士的职业生涯充满了无限的可能性，但是人的能力和耐力是有限的。当今时代，商业在社会发展中占据了前所未有的重要地位。

过去，人们用武力征服世界，但如今，商场已经成为行业巨头们的最大竞技场。"下海"早已不再是见不得人的事情，商业活动所涵盖的内容可以为人们带来最高的荣誉、最持久的声望以及无尽的财富与权势。商业领域吸引了能力强且志向远大的人，在这里，他们可以充分发挥自己的才能。当今世界的发展速度比以往更快，商业在拉动着整个社会不断向前。

千万不要认为商业发展的大势已去，我们正处在商业发展的绝佳时期，现在取得商业成功的可能性比过去大多了。当今世界的商业规模非常庞大，早已今非昔比，但是我们也要记住，这意味着想要达成更多的交易，我们必须要接受更好的培训，学习更多的知识。在这一章里，我基于自己的经验，写下了一些关于如何取得商业成功的想法，希望对有志于在商业领域一展抱负的年轻人有一定的帮助。

什么会是你毕生的事业？对于即将进入商业领域的年轻人而言，这是他们所面临的最重要的问题。如果你想要事业成功，那么这份事业就一定要能让你大施拳脚，尽你所能，这也将是一份能给你带来快乐与骄傲的事业。虽说只要我们充分运用一些正确的原则和方法，就会在任何行业小有成就，但要想获得最大的成功，我们就必须为一份自己完全胜任又完全适合的工作而努力。

对于一个新入职场的年轻人而言，如果一开始就有非常明显的职业偏好或极为感兴趣的工作领域，将是一件非常幸运的事。在这种情况下，他应该跟随自己的职业偏好。

若年轻人没有职业偏好，那么他就应该深入地了解自己，找出最适合自己的工作，尽早地确定有意向工作的领域，并持之以恒。只是为了找到一份自己满意或者报酬可观的工作而频繁地换工作，将会浪费大量的宝贵时间。从长远来看，频繁的工作变动是没有好处的，因为它会让人处于不稳定的状态，并且使其养成摇摆不定的致命坏习惯。

在选择职业时，大多数年轻人倾向于选择初始报酬最高的工作，而不考虑将来能否获得合适的培训机会，但后者显然更为重要。除了始终牢记你想从事的行业或者你期望的薪资，你还要考虑职业前景问题，这是非常重要的。在职业生涯的前几年，从事那些报酬不高却能获得培训机会的工作，将有利于你的长期发展。

你想要怎么样的生活？工作是你实现人生目标的方式之一。你应该选择这样一份职业：它可以给予你广阔的空间，使你最大限度地发挥自己的潜力，也能为你带来最大的成功。

职场如战场，你要为了成为佼佼者而不断奋斗。职场上有很多训练有素的竞争者，他们迫切希望在每轮竞争中都超过其他人，而且充满了戒备。职业生涯的初始阶段极为重要，好的开始将事半功倍。第一步就是要树立起必胜的决心。在你进入职场之前，要做好充分的思想准备，因为你将长期待在这一领域。你要一直牢记自己的目标，在成为最终赢家之前，永不言弃。

但很多年轻人都没有这样的决心，他们似乎都认为成功靠的是运气，只要他们进入了职场，就迟早会成功。他们只是漫无目的地漂泊，没有任何职业规划。他们完全没有意识到，要想赢得一席之地，必须历尽艰辛，付出巨大的努力。所以，我必须强调，在一开始就树立坚定不移的决心是十分重要的，然后充分发挥你的能力和专长，坚持不懈地走下去。有了这样的精神准备，你就可以开始你的工作了。

保持良好的工作状态

树立了必胜的信心之后，接下来就要经常参加职业培训。职场之争是一场艰难而漫长的战役，最关键的就是要拥有实力，这种实力只能通过历练来获得。一开始，你必须从最简单的工作做起，这是一个枯燥而缓慢的学习过程。任何培训都必须在工作实践中进行，商业领域尤其如此。

你必须热爱自己的工作，并对成功抱有殷切的希望，只有这样，你才会竭尽全力。当你想要打破业绩记录时，你的灵魂、头脑和双手就会完全投入工作之中，把工作当成生活的一部分。伟大的艺术作品、文学作品和科技成果之所以伟大，是因为它们已成了那些创造者生活中不可或缺的一部分。他们通过投身实践来表达自己的思想，不仅仅是为了结果，更是因为对成就感的向往和对于卓越的渴望。

有些人认为工作是一件苦差事，一直想要逃离。这些人永远不会把工作做好，因为他们的心不在工作上。他们只是为了生存，像机器一样。他们只是为了工作而工作，还得一直死撑着。工作是需要创造力和激情的，这通常被认为是一种天赋。世界上有很多缺乏这种天赋的员工，而他们的薪酬也确实不高。但是，有些人之所以努力工作，是因为他们渴望获得成就感和提升业绩，因为他们想要完成工作任务，因为他们想要比之前做得更好，因为他们想成为这场比赛的获胜者，他们的职业生涯将充满无限的可能性。全世界都将为他们让道，欢迎他们这样的人才，也会付给他们很高的薪酬。

工作并不是一件苦差事，实际上它是造物主给我们最大的馈赠。工作所带来的满足感和快乐是其他事情所无法比拟的，这是你用持续的努力和辛苦的付出换来的，而且你通过自己的力量取得了进步，也会因此而颇有成就感。

健康和工作一样重要。体力和脑力的运用受到你的身体状况和心理状态的影响。因此，我们有必要检查自己的身体和心理是否时刻都处于健康状态。

我们都知道机器对工厂生产的重要性，也知道想要保持工厂的良好运转是非常困难的。工程师要仔细地检查动力系统是否正常，齿轮和转动轴是否上好了油，是否运行良好。这些检查都是为了避免出错。只有完成了这些细致的前期工作，你才能提高工作效率。人类同机器一样，若要提高工作效率，也需要密切关注自己的身体和精神状况。

身体和大脑共同确保了我们日常工作的顺利进行。身体积聚"电能"，而大脑是媒介，负责分配我们的能量，让各个器官"通电"。我们要保证自己的身体和大脑始终处在最佳的运行状态，因为如果忽视了它们，我们就会崩溃，就像工厂停止运作一样。

每个人都应该仔细检查自己身体的各个部分，了解自己的身体状况。我们必须知道怎样才能保持身体健康，并身体力行。我们必须知道应该避免什么情况，并努力去避免这种情况的发生。我们要知道自己能吃什么、能喝什么，不能吃什么、不能喝什么，并按照这样的规律生活。我们要知道自己应该做哪种运动，要有多大的运动量，并去做这些运动。我们要知道自己应该睡多久，并确保睡眠充足。我们要清楚自己的能力，不要做超出自己能力范围的工作。我们要以适当和有序的方式完成所有的事情。当我们精力透支时，要懂得如何恢复精力。了解以上这些知识，非常有用。

大多数人都知道该如何保持良好的状态，但是都缺乏勇气和意志力。这种容易放纵自我的人将永远无法发挥自己的最大潜能，因为他们不能主导自己的工作和生活，不能管理和控制自己，当然也不能高效地管理和控制他人。他们意志薄弱，不适合做领导。

有这么一句古老的谚语："心之所想，造就其人。"这是永恒的真理。我们能成为什么样的人，很大程度上源于我们心里是怎么想的。高层次的心境可以造就高远的目标，如果我们始终坚定地想着美好的事情，那么总有一天我们会做到。但如果一个人很悲观，有病态的心理，认为自己一无是处，所有的人和事都在针对他，那么他将一事无成。要相信自己，要有很多的期待并为之努力，让你的脑子里不断涌现新的和更大的计划。

　　拥有健康的身体和清醒、纯洁、强大的头脑尤为重要。以健康的状态接受培训、努力工作，你的未来之路将一帆风顺。

计划你的工作，落实你的计划

　　"计划你的工作，落实你的计划"，这是人们常说的一句老话，对投身职场的人来说，意义尤其重大。你必须一步一步地开创自己的事业。当你想要把工作做好，想要有条不紊，想要工作如你所愿，想要为之毕生奋斗时，你需要一个计划来引导你，这需要你运用自己的想象力。如果没有计划，你就不能构建起一个合理的职业规划。你必须时刻牢记自己的职业规划，眼前必须有清晰的职业蓝图。当你在炎炎烈日下汗流浃背地辛苦工作，一点一点地完成工作任务时，是你的职业蓝图和梦想在鼓励着你，给予你动力。

　　那么要如何绘制职业蓝图呢？这与你的志向有关。你要有梦想，有超越众人的强烈渴望。这是一种想要征服、想要获胜、想要竭尽全力的强烈愿望。一个人想要竭尽所能做到最好，这是非常了不起的，想要成为与众不同的人，也是非常值得称赞的。没有志向的人就如同没有翅膀的小鸟一样，永远不可能上升到一定的高度，只能像个懦夫一样原地踏步，被淹没在人群中。他未曾感受过激情所带来的强大动力。这种激情只存在于那些志存高远的人身上，他们骨子里的激情鼓舞着他们为了实现目标而奋力拼搏。因此，我希望你能保持住心里那团火，它象征着你的志向。让它尽情燃烧吧，它是你拼尽全力的永恒动力。在脑海里构建出一个合理的职业规划，值得你为之付出最大的努力。

你怎么能不成功呢？这是一个向所有人都开放的平台，只要够年轻，只要有决心，就没有不可能的事。如果一个人拥有健康的身体和心理，有强烈的渴望，有出色的能力，那么不管他是谁，不管他身在何处，不论在什么岗位上，他都能成为佼佼者。没有什么事情能够阻挡这样的人前进，否则这就违背了人类进步的规律和经验。志向远大的人从来不缺天时地利的条件和机遇，因为正是他们自己创造了这些因素，而不是这些因素造就了他们。我很不赞同有些人把成功归因于幸运，幸运的环境或难得的机遇。我们认为每个人都有这一份幸运，只是有些人意识到了，有些人没意识到而已。有的人为了这份幸运而努力工作，做好了充分的准备，当幸运降临的时候，他已经准备好了，并能牢牢抓住这份幸运。还有的人并没有为之做准备，只能与幸运擦肩而过，自认为运气不佳。

对于一个有目标的人来说，他并不缺少实现目标的机会。商业领域是向所有人开放的舞台，在这个舞台上，每个人都可以参与竞争，每个人都有平等的机会和良好的机遇，怨天尤人只会徒留笑柄。我想借商业巨子的例子来证实上面这番话，他们在创业之初，几乎都很卑微，并没有获得比其他人更好的机遇。

一些杰出的美国商业大亨，如安德鲁·卡内基、马歇尔·费尔德、约翰·沃纳梅克、J.J.希尔，他们都是从最底层一步步走向商业巅峰的。他们遇到了许多障碍，但是他们都努力不懈、坚持到底。类似的著名企业家还有英国的罗德斯、布拉西和立顿，以及加拿大的斯特拉思科纳、史蒂芬和麦克唐纳，等等。

这些人的成功显示了商业领域的巨大可能性。即使一开始生意规模很

小，机遇也少，这种无限的可能性依然可以鼓舞那些为了成功而努力奋斗
的人。

通过研究这些人的职业生涯，我发现他们取得巨大成功的主要原因不在
于过人的品质，也不在于所谓的天赋，而在于日复一日地遵循基本的、适宜
的商业原理，意志坚定地把精力全部投注在工作上。哪怕经过很长时间才能
获得一点小成果，他们仍在一步步地前进，一步步地靠近目标。如果一个人
能在正确的道路上不懈奋斗，那么他最终所取得的成绩将震惊世人。坚持不
懈是所有成功人士都应具备的品质。

管理好时间就是管理好未来

时间管理是实现事业成功最为重要的因素。如果一个人知道怎样最大限
度地合理利用时间，那么他就能找到激发自己潜能的办法。浪费时间的代价
无疑是最大的。你可能浪费了太多的时间在睡觉、休息和拖延症上，也可能
在没有意义的快乐和过多的娱乐活动中挥霍时光。宝贵的时间悄悄流逝，我
们甚至都意识不到。那么，我们应该如何节省时间呢？只有一种方法——专
注。拖延症就如同时间的小偷，而专注则是时间的开发者。不管你在做什
么，都要投入全部的精力，想要不浪费时间，就要避免走神或者精力过于分
散——要专注，专注于你正在做的事情。

专注能给你带来意想不到的效果，即使在一些小事情上也是如此。一旦
养成专注的习惯，我们自然就会把这种习惯运用在所有的事情上。在生活
中，我们需要专注，在工作中，我们同样需要专注，唯有如此，才能让时间
变得更有意义。因此，我建议你们规划自己的时间，细化到每一天里的每一

分钟。每天在固定的时间起床、梳妆打扮、就餐、工作、休闲和睡觉，有效利用每一分钟。我们自身的价值就体现在我们如何利用这每一分钟上。面对工作任务，请立即采取行动，因为拖延的后果会很严重。

对于忙碌的人来说，最好的方法就是一次只完成一项工作，并坚持一项一项地完成所有工作。不要介意工作的难度——你必须完成它。立即行动！完成一件事再去做下一件事，这是保持工作活力的唯一办法。快速且准确地做出决定，及时且坚定地采取行动，只有这样，才能提高工作效率。

但是也要记住，想要得到最好的结果，光有行动是不够的。你必须花时间去调查研究，去盘点过去和规划未来。花点时间去思考是非常有必要的。计划是通过思考形成的，是通过行动实现的，因此，你必须同时坚持这两件事情。即使你的思考很简单或很草率，你也要努力在工作实践中把它们体现出来。人们本能地倾向于以常规的方式来工作，机械而呆板，就像机器一样。我们需要带着思考去行动，通过行动来落实和发展我们的思想，这就像通过身体活动来锻炼肌肉一样。在做任何事情的时候，你都要问自己这样一个简单的问题：我应该怎样提高自己的能力？常规方法或许很有效，但这并不意味着没有其他更好的办法。任何人都可以按照既定的方法去做事，但只有出类拔萃的人才会不断改进旧的方法，发明新的方法。

要保持开阔的眼界、活跃的思维。要养成善于观察的好习惯，并将其应用到生活的方方面面。大多数人周游世界的时候，都一直闭着眼睛，也听不进任何声音。除非有人强行给他们灌输知识，否则他们什么都学不到。不要被动，要保持好奇心，善于去寻找问题的原因。好奇心太强可能会带来些麻烦事，但这也比漠不关心身边的事情要强。

我花了如此大的篇幅，想要强调的就是时间的重要性。一定不要浪费每一分钟。每时每刻都要有事情做，要么行动，要么思考，这样你才能学到更多的知识。记住，知识就是力量。

创新精神与业务能力

创新精神

拥有创新精神就是要善于用新的办法来改善自己的工作，摆脱一成不变的常规做法，为自己开创一条通往新世界的道路。最大的奖赏应该给予那些拥有创新精神的人，因为他们有敢闯敢拼的勇气、意志力和坚持不懈的精神。

敢于创新的人要有勇气、活力和志向。他必须要有承担责任的意愿和能力，也要做好承担风险的准备。在开始行动之前，他没有必要预见交易的圆满完成，但他必须愿意坚持自己的判断，敢于冒险。一定程度的谨慎是明智的，但是在商业活动中太过谨慎则是不利的，因为它会阻碍你的发展，使你的事业陷入停滞状态。

如果你想要更好地完成工作，就要大胆地设想新方法。如果你使用和别人一样的方法，就别指望能获得与众不同的结果。商业领域的竞争十分激烈，即使你有很大的进步也不一定能取胜。你必须抛开过去，拥抱新方法、新方案。成功源于新的想法。能预测新需求或创造新需求的人，才能掌控自己的命运。不管市场多么饱和，有思想、有勇气、有活力的人总能开创一片天地。世界需要新思想，也会给予它相应的奖赏。

在这里我必须要说，如果你有新想法，就不要害怕把它付诸实践，因为只有尝试之后，你才能知道它的价值。很多好的想法只是因为没有被付诸行动而就此湮灭了。一旦有好的想法，你就要果断采取行动，不要再等更适宜的时间，不要只是嘴上说说，要拿出行动，要趁热打铁。这些想法都是极为宝贵的灵感，要抓住它们，分秒必争。做你能做的事，或者相信你能做到，开始行动吧。

不过我并不想传递这样一种思想，即新想法不需要经过任何考量就匆匆忙忙被付诸实践。对某件事情有太多的想法总比没有想法要好，但聪明的人在投入精力之前，会仔细调查、研究每项新工作。他会认真权衡成功和失败的概率，然后再做出决定。一旦决定之后，他就会坚持到底。如果他认为这个决定值得去实施，就绝对不会有丝毫犹豫或怀疑，而是全身心地投入到这项工作中去。要记住，新的事物在一开始通常都不会成功，在渡过难关前你通常都会很失望、很难过。这个过程就是在考验你的勇气。普通人的勇气都不会持续太长的时间，因为挫折感和失败感的影响太大了。有自信和勇气的人才能坚持住。

　　当佼佼者期待下一次全情投入时，

　　许多人已经认输了；

　　确实如此，当疑云散去时，

　　往往就是白昼到来前最黑暗的时刻。

　　再多一点儿坚持、勇气和活力，

　　成功就会为我们带来财富。

　　为这杯苦茶加点蜂蜜，

　　只要没放弃，就不是失败；

　　只要你仍然愿意尝试，就不是真正的失败，

挫折使坚强的人更为睿智。

只要内心不认输，你就不可能被打败，

除非你一蹶不振，否则你就能取得胜利。

勇气具有巨大的力量。每个成功的人，不管他们从事哪个领域的工作，都拥有非凡的勇气。

当然，你也许暂时会被淘汰出局。成功人士都有过这样的经历，但只要你没有选择退出，就不会有太大的影响。要再次站起来，采取全新的视角，以全新的活力和决心迈出比以往更坚定的步伐。要记住，失望与挫折都是你到达巅峰之前所必须经历的。通常，我们会面临巨大的挑战并遭遇强烈的反对，但这些都有助于我们挖掘自己的实力和资源。这些障碍是对我们能力的考验。如果我们被障碍打倒，我们就失败了，但如果我们战胜了它们，我们就成功了。你也许会犯错误，但是你不能向失败屈服。承认失败的人都是弱者，即便他随后取得了成功，他也是胆小怕事且缺乏自信的。人不可能不犯错，错误是促使他采取进一步行动的助推器，能推动他走向成功。要有创新精神！要有勇气！

业务能力

人的能力分为两种，先天获得的和后天形成的。我更相信后者，因为容易获得的东西也容易失去，经过艰苦努力换来的成果往往更持久。能力是可以后天培养的，这对于我们大多数人来说都是适用的。能力可以通过经验的积累和学习而获得：重复做同一件事并观察其结果，从而知道如何避免下次再犯同样的错误，如何继续和改善每种正确的做法。培养能力最好的办法就是仔细做好每一件事，成功的本质也不过是把每件事都做好。如果遵循这条原则，你就可以习得某种能力。你的能力有多强，很大程度上取决于你的学习能力。但是要记住，深入了解某一件事，比只是泛泛地知道很多事要好得多。掌握某些方面的专业知识，运用你所有的能力，争取比以前做得更好。实践，不断地投身实践是掌握良好的商业技能的唯一途径。

你可以在实践中提高自己的判断力。良好的业务判断力就是将适宜的原则应用到工作中去，而这些原则是在困境中学会的。一个人除非饱受磨炼，否则他不可能有太多的机会展示他的判断力。我相信有些人的业务能力是天生的，他们似乎本能地就知道如何做出正确的决定并采取适当的行动。但是我同样认为这种能力是可以通过刻苦的训练得来的。最好的方法就是深入了解你所负责的每单交易，详细调查、分析和研究它们，找出其成功的原因。不要仅仅满足于照章办事，要知道它们的缘由。要了解你所处的位置，同时尽量了解你将要面临的任务。

你的口号应该是发展，提升，进步。经常检查一下自己的情况，看自己是否在发展、在改善、在进步，如果不是的话，就要从自己身上找原因，而不能怪其他人，因为你的发展和提升都只能依靠你自己。

我同时相信，一个人只要有足够的精力和毅力，就能适应任何岗位的工作。只要他愿意付出，他就一定可以成为自己想成为的样子。巨大的成功需要巨大的付出。在这个世界上，成功都需要付出很大的代价，而且需要坚持不懈地为之奋斗。你所拥有的能力正是你用耐心、顽强和坚持换来的，你只有不断运用这些能力，才能在职场上获得权力、名誉和财富。

掌握业务能力的一种有效办法是学习成功人士的经验和方法。每个人的成功都有其原因，你要始终保持对商界大咖和行业巨头的兴趣，了解他们是如何达到今天的高度的，是如何指导那些野心勃勃的人去跟随他们的步伐的。你越是认真地学习成功人士的经验，就越能理解，他们的成功更多的是源于基本的常识和日常的努力，而不是我们平常所认为的天赋，也没有那么神秘。

在提升自己的业务能力时，要尽早明确自身的优势，唯有如此，你才能朝着正确的方向前进。我们大多数人往往会更适合某一种工作，所以，你的最好选择就是去发展适合自己的事业。要记住，即使你在这项事业上取得的成就比你的期望值要低，也好过你去尝试那些超出能力范围的事情，那样你只会失败。人类的能力是有限的，人类最聪明的地方就在于他们知道自己的不足并能够避开它们，走向成功，而不是做一些力所不逮，也永远没办法做成的事情。当一个人尽其所能时，他就能取得成功，这是唯一能令我们感到欣慰的事情。

在职场上要小心你的对手。例如，永远不要认为自己在竞争中高高在上，无人能敌。成功的人都会高估而不会低估敌人的实力，这样他们才能为最糟糕的情况做准备。没有任何一个人或集体能够独占最优质的头脑和方法。成功的人都很聪明，他们总比一般人多点什么。让竞争激发你的活力和斗志，在公平公正的竞争中，用自己的实力打败对手。

形成体系

成功的人一定有一套自己的方法体系。这套体系不仅能使你的事业朝正确的方向大步前进，还能帮你节省时间，杜绝浪费，保证工作效率。这样的一套体系能无限地激发你的潜能，没有了它，你只会陷入各种琐事之中，毫无长进。

这套体系要符合你的个人习惯。

首先要规划和管理好你的时间。每一天的工作内容都要提前做好规划，要优先完成重要的事情。实现系统化就是要形成规律，一个人在工作中不遵循规律，必然会损害自己的事业，就像不良的生活习惯会诱发疾病一样。即使是在小事上，你也要学会井井有条，并将这些方法系统化，这样你就会发现，形成一套自己的方法体系并不困难。每天都要做好工作计划，列出待办事项，这样你就可以避免盲目的工作，节省梳理工作步骤的时间。向前看，按照计划来做事；精力不要过于分散，要集中精力。

要留心那些有计划且有意向实施计划的人。商场如战场，只有善于计划的人才能取胜，他们可以明智地制订计划，并大胆而仔细地执行它们。我们都是自己命运的主宰者，但是很多人却不善于计划或规范自己的工作，因而他们也没有形成稳定的方法体系。那些有着清晰的计划的人，会经常看一看自己的计划，好让自己时刻朝着正确的方向坚持不懈地一步一步靠近目标。

组织结构是企业进行员工管理和流程管理的一套系统，是影响企业成败的关键。换句话说，搭建组织结构就是要在企业层面实现系统化，理顺工作关系，减少人际摩擦，避免浪费，通过合作来提高工作效率。如果没有结构和体系，企业的规模就只能和过去一样小，无法成长为行业巨头。

乐观的心态和良好的品质

人类的天性分为两大类，一类是积极乐观的，一类是消极悲观的。尽管乐观的心态有很多好处，但很多人却是悲观主义者。乐观的人满怀希望，兴致高昂，充满自信；而悲观的人总是会消极地看待一些事情，或强烈谴责命运的不公，或认为会有灾难降临。

　　保持乐观最基本的条件就是找到人类、世界和自己的信念。一个乐观的人会感激生命，觉得自己所生活的世界很美好。他相信自己来到这个世界上一定是有目的的，并且会下决心抓住每一次机会。那些极度悲观的人对世界很不满，觉得所有事情都与自己的目标背道而驰。他们厌倦了所有的人和事，不相信任何人，包括他们自己。他们止步不前，认为自己命运悲惨。

　　乐观的心态是可以培养的。我们的天性就是乐观的，因为人类是上帝最伟大的杰作，这本身就是件鼓舞人心的事。要常常想到这一点！人类本身就有权利和能力去掌控和享受世界上美好的事物，我们生来就是为了享受这种美好的。我们应该参与到这些美好的事物中。能够来到这个世界上本身就是一件很幸运的事情，世界赋予了我们很多的机会。我们可以把自己的身体和心理调整到最好的状态，好好把握这些机遇。我们可以竭尽所能，实现自己的梦想。这是多好的机会和多重要的使命啊！

　　人们想要的只是一个公平的机会，能让他们发挥自己的能力。相比于有天分的人来说，那些没有天分的人似乎少了一些优势。但我们通过自己的艰苦努力所换来的地位和成功，比那些与生俱来的优势要有意义得多。

　　那些通过继承祖业而获得财富和地位的年轻人，缺少了前进的最大动力——欲望和贫穷。不要忌妒这些人，对成功的欲望比对这些人的嫉妒重要得多。

　　保持乐观心态最重要的就是要知足，并且能够利用好每一次机遇。你一定可以得到公平的机会。一个人在生活中投入了什么，他就能收获什么。人们最大的错误和烦恼在于，他们希望自己的付出小于收获。

　　当你很满意这个世界为你提供的机会时，下一步就是要热爱自己的工作，这是你培养真正的乐观心态的唯一方式。真正的乐观是一件自然而然的事，你可以毫不费力地保持高度乐观，而不是勉强地假装乐观。乐观是可以传染的。世界上所有美好的事情，都源于高度的乐观。乐观就是要认真，认真的态度能让你有所收获。

乐观对于工作的重要性就如同爱国对于军队的重要性一样，它能给予我们开展工作的热情和动力，而且是强大的动力。我宁可雇用十个乐观向上的人，也不愿意雇用一百个能力相当但缺乏乐观心态的人。

工作只是你实现人生目标的方法之一。事业上的成功会给一个人带来财富、权力和名望，但是他的生活有可能是失败的。一个人生活得好不好，取决于他能否经得住造物主的拷问，这时唯一能靠得住的就是他的品质。在人生的紧要关头，历尽沧桑所换来的财产毫无用处，我们能依靠的只有自己的良好品质。我们要知道我们能创造什么，而不是拥有什么。

那么何谓品质？它又是如何形成的呢？你的品质就是你的个性，用以区分你和其他人的不同之处。品质是你在各种经历中，在好的和坏的、开心的和艰难的境遇中所形成的，是你对外在世界的反应。行为造就品质。我们的行为体现的是我们的习惯，而习惯又是靠行为养成的。

我们所经历的所有事情，不论好坏，都对我们的品质有影响。我们的思想、话语和每一笔交易，不论是琐细还是重要，都造就了我们的个性，即我们的品质。事实上，我们一直处于变化之中，我们可能发展得更好，也可能发展得更差，我们的品质可能更坚韧，也可能更脆弱。我们逃不开这一法则。

重要的是，我们要选择正确的道路，朝着正确的方向前进，要做到这一点，我们必须坚守一定的原则和追求有意义的目标。这需要自律、自制和道德。

品质的锤炼分为三个阶段：了解自己，与自己交战，最终战胜自我。

要有积极乐观的心态，除了担心自己不够优秀之外，不要害怕任何人。要设定远大的目标，从现在开始塑造自己的品质。要在工作和事业中不断历练、不断改善，朝着自己的理想勇敢前进。

总之，要想具备乐观的心态和良好的品质，最有效的方法就是养成良好的习惯。在养成良好习惯的同时，不要忘了下面这些事情：要乐观、毫无畏惧、兴致勃勃地完成任务；要深思熟虑，彬彬有礼；要有勇气，要高调；要无私，不能说别人的坏话；要不偏不倚；做错事时要敢于承认错误，要善于原谅他人；你不可能取悦所有人，也不要试图取悦所有人；永远不能忘了善良，要帮助那些在痛苦中挣扎的人；要与那些曾经助你一臂之力的人分享你的成功，不要被成功冲昏了头脑；要正直，要有勇气，要让你的工作充满意义。

第二部分

技 能 篇

第四章
销售的通用方法

销售前期：接近客户

如果我们明白了销售就是"卖东西的能力"，我们立刻就会发现，销售员的个性和品格对销售工作来说非常重要。

销售员必须能够吸引潜在客户的注意，得到他们的信任。不过，这也只是销售工作的其中一个步骤而已。

专业的销售员在每笔交易中至少要留意以下六个环节：

（1）发现潜在客户。

（2）销售前的准备工作。

（3）设法吸引潜在客户的注意。

（4）演示产品。

（5）说服客户购买产品。

（6）完成销售：签订合同或确认订单。

每个完整的销售过程必然包含以上六个步骤，但销售每种产品所采用的方法，要根据该产品的特点而有所区别。为了方便论述，本书将前面两个步骤称为"销售前期"，将中间两个步骤称为"销售中期"，将后面两个步骤称为"销售后期"。假设销售的三个基本元素——销售员、产品（包括客户可接受的企划，如商业服务、广告、指导等可以买卖的服务）和购买者——以及由这些元素构成的组合是无限的，那么成功销售某一类产品的方法可能并不适合其他类别的产品。但是，确实存在一些适用于所有产品的销售法则，现在的销售员更多的是学习这些一般法则而不是具体方法。我们现在就来讨论一下这些一般法则。

发现潜在客户

销售员发现潜在客户的方法有很多种。在潜在客户中，固定的常规购买者可能是最好找的，他们就在营业地点等着销售员上门，这是他们营业活动中常见的一个场景。名产、保险和广告等的目标客户则需要用不同的方法去寻找。优秀的销售员一般是在外面活动以寻找潜在客户。例如，他们在和其他销售员的闲聊中得到一个线索或建议时，就会牢记于心，然后跟踪下去，直到发现潜在客户。

有些销售员会把每一个交谈对象都当成潜在客户——我们通常认为这是一种很高级的销售技巧——但它很容易走向极端，有时候会让谈话双方都很尴尬。

寻找潜在客户离不开敏锐的判断力，因此，销售员要注意训练自己的这种能力。通过使用宣传单、电话簿、地名录、商业期刊以及各行各业所特有的方法，如广告宣传和个人招揽等，都能找到潜在客户。重点在于，你要确保他们是合适的目标群体：销售员能够激起他们的购买欲望；他们喜欢这种产品且有付款能力，并可能预订更多产品。

提前准备

在试图接触某个客户之前，销售员必须尽可能详细地收集关于该客户的信息，否则就会影响销售工作的进展。这些基础信息通常是由企业提供给销售员的，在那些大公司尤其如此，它们的销售部门会为此专门设置一个分支机构。

销售员只有完全熟悉客户的名字、业务性质等信息之后，才能更好地跟客户打交道。事实上，他对这些信息掌握得越多、越牢，就越能满足销售场合的需要。

现代销售学认为，客户的心态变化分为四个阶段，它们分别是注意、兴趣、欲望和决定。为了成功唤起这四种心态，销售员至少要掌握客户的一些基本信息。记住一个原则：在做好万全的准备之前，销售员不要接触任何一位客户。

接近客户

接下来才是真正的接触。首先要做的当然是设法接近客户。无论如何，这并不容易。年轻人会发现，接近客户非常困难，特别是当他们的能力尚不全面且缺少自信的时候。因此，销售员事先就要认真做好规划，只有这样，才能越过障碍，顺利接近自己的目标。

我们发现，每个销售员所使用的方法都不一样。多数销售员是坐等客户上门，当人们前来询问时，他们就负责介绍产品、答疑解惑。繁华的大型办公楼或是商店的外围区域通常都是如此。

适中的音调、适时的强调——有时候甚至可以营造一点儿神秘气氛——会让销售员得到自己想要的结果。事实上，销售结果往往取决于销售员与客户会面的情况，而不只是语言的交流。

销售员在进入一家商店或一间办公室的时候，通常会有两种表现。一种表现是犹豫、不确定，这说明销售员缺乏自信，无论是对自己、对商品，还是对他所代表的企业。一名经验丰富的门卫或是秘书很快就能识别出这种状态来。另一种表现是迈着自信、坚定的步伐，充满生气。这说明销售员对自己以及对完成销售很有信心。后一种状态非常可贵，这说明销售员有能力击败反对意见，能够在会面中提出一个对双方都有价值的方案。像小学生一样唯唯诺诺的销售员，自然也会被当成小学生对待，因而无法接近客户。相反，西装革履、举止大方的销售员很容易得到礼貌的接待。

吸引注意

虽说获得客户的接见非常重要，但这毕竟只是整个交往过程中的一部分。在见到客户之后，销售员还需要吸引他的注意。

第一句问候语非常重要，因为第一印象通常深刻且持久。有些人说"早上好"的方式令人愉悦，有些则令人厌恶。说话的音调、真诚度以及握手的方式，甚至是握手时的温度都会影响对方的感受。

如果对方是一个完全陌生的人，我们的问候就应该尊敬有加而不卑躬屈膝，它应该发自内心而不过度热情。如果可能的话，它应该表现这样一个事实：来访者是一名自豪于自身使命的生意人，这一使命给了他前来会面的自信。

评估客户

每天或每周都要接见很多销售员的商人和客户，能够准确无误地评估每一个前来拜访的人。过往的经验使他们既警惕那些过分热情的人，也远离那些连握手和问候都敷衍了事的销售员，因为前者在考验他们的智慧，后者会唤起他们的敌意。

销售员在会面初期的表现，很大程度上决定了销售能否成功。在这段时间里，双方都在有意无意地打量对方、评估对方。给客户留下良好印象的销售员，已经提前迈出了决定性的一步，也许他自己并不知情。新手销售员可能会忘了去留意他给客户留下的印象，但经验丰富的销售员非常了解第一印象的重要性，因为他知道，如果这一步成功了，接下来的工作就像是在耕作好的土地上撒下种子一样自然，他会获得所有的订单。如果销售员给客户留下的第一印象很差，哪怕这不一定是他的错，那么他接下来的工作会非常难做。他必须要先摆脱第一印象，通过更具技巧性的产品演示或销售动作来抵消它的影响。

总之，接近客户非常重要，它作为销售的第一个环节，值得好好研究。如果销售员在这一阶段就已经吸引了客户的注意，那么接下来的工作就更容易了。

销售中期：演示产品

演示

当销售员吸引到客户的注意之后，下一步就是进行产品演示。产品演示就是详细讲解商品或陈述销售计划，这一步一定要用心去完成，因为它有三重目的：一是确保客户的信心，二是引起他的兴趣，三是唤起他的欲望。如果再加上销售员颇具说服力的论证，销售就会很成功。

为了说清楚产品的最大优势，销售员必须非常熟悉自己的产品。他对产品的了解应该比客户一眼就能看到的要多得多。除非客户是熟客，否则销售员就必须用最简洁的语言来介绍产品、陈述企划、讲解产品的特色或是企划的优势，以此来引起客户的兴趣，最好能唤起他的欲望。

在演示所售产品的过程中，最好不要诋毁其他产品。事实上，销售员应该尽可能避免讨论同类产品。要允许客户赞许同类产品，但不要让他的注意力集中在这一点上，尤其不要在这样的问题上引起他的对立，而是要持续展示自己所售产品的优势。

谈话

很多产品和企划具有一些特别的优越性，我们称之为"讨论点"，有时候这样的"讨论点"会有好几个。

当销售员完全熟悉了这些"讨论点"之后，他就能清楚地、令人信服地，甚至是满腔热情地演示他的产品、陈述他的企划。

人们可能认为销售谈话都是提前计划好的，但事实上，谈话内容通常会偏离预定的轨道。在实际工作中，销售员并不能用同样的方式去对待不同的人，因为他们的想法各不相同。但是，最好还是准备好适用于大多数情况的谈话内容。你很快就能体会到这种常规谈话内容会吸引多少客户。

在通常情况下，销售经理会预先为销售员安排好谈话内容。一些销售员非常反对这种由其他人规定谈话内容的做法。他们更喜欢使用自己的方法拿下每一位客户，他们认为自己的方法最合适。但是，不要忘了，预定的销售谈话是销售经理经验的总结，是从他与客户无数次的接触中，或是从其他销售员的报告中收集而来的。

因此，销售员应该遵守这些谈话规则或"游说"规则。对新人来说，这也是一个验证的过程，直到他能用自己的新方法取代它。不过，这些新方法很可能是从销售其他产品或推广其他企划的过程中得来的有限经验。

销售经理要的是业绩，为了达到这一目的，他需要下属进行有效的销售。

企业要的是订单，结果才最重要！

销售经理之所以会要求销售员使用这些谈话方式，是因为它们确实会带来订单。因此，新手销售员要尽量采用这些预定的谈话步骤。如果他会因此在客户面前暴露自己的缺陷，那就不妨用自己的方法来改进这一步骤。在这种情况下，他可以向销售经理指出预定的谈话步骤中需要改善的地方。如果销售经理从善如流的话，他会感激这个销售员时刻为企业利益着想。

说服

销售员演示产品的主要目的是引起客户的兴趣并说服客户。因此，销售员必须能够准确、简洁地说出所售产品的优点，说服客户他需要这些产品，购买这些产品对他十分有利。换句话说，销售员必须要让客户相信这笔交易对他有好处，不管是带来新的生意，还是转卖之后能够获利，抑或是可以节省时间和金钱。

因此，销售员必须仔细考虑和计划其说服步骤。销售员一开始演示产品时，就要突出其优于其他类似产品的地方，要令客户信服，并引起客户的兴趣，让客户觉得这是最适合自己的产品。描述产品时要尽可能准确、简洁，避免使用客户无法理解的术语，更何况新客户对产品几乎是一无所知。销售员千万不要理所当然地认为客户事先已对此类产品有了基本认知。如果客户搞不清楚产品的优点，销售员要尽可能准确、简洁地指出这些优点。

知道什么时候应该停下来，是进行销售说服的一个重要方面。

由于不知道什么时候应该停下来，销售员每天会错失许多订单。在演示过程中，客户通常会对品质好的产品提出许多聪明的问题。销售员应该回答而不是回避这些问题，特别是客户对产品产生极大兴趣的时候。只要客户提出问题，销售员就有机会听取异议、予以答复或进行反驳，从而激起客户的兴趣，增强客户得到产品的欲望。销售的说服阶段非常重要，因此，专业的销售员总是会为自己在这一阶段可能遇到的反对意见准备好令人信服的答案。

销售后期：完成签单

记住，在大多数情况下，只有签了订单才算是完成销售。

上面这么多不同的销售步骤，其最终目的就是完成最重要的一步——完成销售或是确认订单。

在销售过程中，最重要的时刻，就是当销售员意识到客户对销售建议表现出赞许的那一刻。这就是所谓的"有利时机"。销售员必须敏锐地捕捉到这一时机，立即采取适当的行动，因为如果错失了它，就会导致销售的失败。

当客户的购买欲望被成功唤起时，完成销售的时刻也就来临了。为了准确地把握这一时机，销售员必须仔细观察客户，保持住客户对产品的兴趣。当看到客户准备做决定的时候，销售员应该将谈话引向签单。这时候，销售员要停止说服，拿出协议或是订单让他签字。销售员要迅速填写协议或订单，随即请客户在上面签字。协议或订单的签署应该以一种安静而不声张的方式完成。

很多销售员在填写协议或订单的时候会犹豫不决，因为一旦签了字，它就有了法律效力。但是，优秀的销售员绝不会在这个时候犹豫不决。此时，经历了以上所有环节的客户在心里已经基本做出了决定。销售员要特别留意，不要打扰到客户，因为这时候一个轻微的干扰都可能毁掉整个销售安排，而销售员恐怕再也无法重新引起客户的兴趣了。

在签下协议或订单之前的最后时刻，客户可能会提出某些异议，销售员需要运用自己所有的产品知识，毫不迟疑地回答这些问题。

完成销售是最重要的一个环节，它需要销售员调动所有的思维能力：首先，准确判断时机以完成销售并获得订单；其次，在正确的时间说正确的话和做正确的事，确保自己的言行不会为自己减分；最后，要熟练地运用所有能力，用自己的人格和知识来抚平客户的抗拒心理。

引起客户的兴趣或是唤起他们的购买欲都不是难事，难的是完成交易。一些没能力完成销售的人不得不找其他销售员来帮忙，他们缺少优秀销售员必备的基本素养，只能通过学习其他人的成功经验、查找自身的缺点来提高销售能力。

交易完成后，销售员的工作就结束了，除非他还想继续与同一个客户做交易或者想要再一次获得订单。从整个销售过程来看，我们也许该把销售定义为"为了转移所有权而签订协议"。

销售过程中应该注意的一些问题

我在第一章已经指出，销售员的销售能力取决于自身。它建立在人格魅力的基础上，即销售员给客户所留下的关于品格及精神面貌的印象。

从事同一种业务的销售员可能使用完全不同的销售方法，但都能成功，因为他们使用的"武器"是一样的。

最近，一位能干的且拥有丰富销售经验的作者列出了二十种销售"武器"，它们分别是知识、兴趣、建议、热情、诱导、声音、欲望、疑惑、礼貌、赞同、惊讶、表达、自我关注、模仿、姿势、说服、恐惧、兴奋、劝慰、坚持。

值得注意的是，知识被列在首位。专业的销售员必须完全熟悉销售业务的所有方面，同时还要尽可能多地掌握基本常识。系统化的知识是销售员最好的"武器"，可供销售员在日常业务的不同情境中自由使用。掌握知识是完成销售的前提条件，因为销售员可以借此理解或是"看透"客户。知识赋予销售员与人交流的自信，让他能够应对不同的消费群体。

销售员具备了系统的知识和良好的品质，就会无往而不利：能够跨越一切障碍，驳倒反对意见，获得最好的结果。

保持热情

适当的热情能提高销售能力。

心不在焉的产品演示是不可能成功的。相反，满怀热情的演示通常会唤起客户的欲望，但热情决不能过度。尤其是年轻的销售员，很容易表现得过度热情。如果他们性格冒进的话，很可能会过分吹嘘，最后无功而返，因为在大多数情况下，他们很难再次激起客户的热情。

热情是精神之火，也会像火焰一样熄灭。当销售员离开之后，客户就不再受其人格魅力的影响，之前因沟通而产生的热情也会变弱，甚至在产品交付之前就消失殆尽了。最后，客户只可能心怀不满，因为销售员在他兴奋之际的说辞，并不能真的令他信服。

因此，销售员在演示产品时要避免吹嘘，保持一种适度的兴奋。只要不让自己沉浸在不切实际的吹嘘中，销售员就可以信心满满、气势十足地演示任何产品。想方设法地唤起客户的欲望，但不要让他在收到产品后感到失望，因为你可能还要再次卖东西给他。

保持士气

销售能力需要适度地维持。所有销售员都承认，他们有时候觉得自己很不像样子，似乎丧失了销售能力。这其中有很多原因。一些销售员很容易感到失望，因为糟糕的一天会让他们垂头丧气，他们因此失去了大部分销售能力。销售员必须要用意志力来对抗这种精神状态。销售员要保持良好的健康状况，以达到最佳的工作状态。他要专注于手头的业务，这是自我训练的一个重要部分。销售员要像销售经理鼓励手下一样鼓励自己。就这方面来说，每个销售员都是自己的经理，当困难来临时要自我鼓励，并想方设法克服成功之路上的每一个障碍。销售能力完全取决于个人，一定要保持士气。

评估客户

销售员会遇见各种各样的客户，因此，识别不同类型的客户非常重要。

有些销售员几乎能凭直觉看透客户的性格，这就是所谓的"第六感"，但有些销售员则很难准确地评估一个陌生人。只有通过研究各种不同的性格类型，销售员才能学会准确地评估客户。

一眼识人的能力很重要，因此除了直觉以外，销售员也可以用相面知识来武装自己。面相学是一门通过面容来判断思想的科学，也是一门通过体形、表情或容貌来探知性格的艺术。

几乎所有人的性情都能通过面容，特别是眼睛看出来，而通过观察其举止，则可以证实你的判断，或是帮你纠正这种判断。对客户进行评估是销售准备工作的一部分，只有这样，销售员的言行举止才能与现场情况相适应。

根据与客户的相处时间长短和关系深浅，销售员自然而然地将客户分成各种类别。有些销售员心中只有三四种客户类别，但资深销售员则能将客户细分为六七十种之多。

查斯·林格伦先生是一位经验丰富的销售员，他将客户分成了六十五种类型。这些类型来自他的个人经验，可能还不能穷尽现实中的所有客户类型。它们包括：爱争吵的客户，可疑的客户，过分谨慎的客户，固执己见的客户，爱攀比的客户，没礼貌的客户，暴躁的客户，想要诈骗的客户，全知全能的客户，威严的客户，善妒的客户，讨厌的客户，奢侈的客户，吹牛的客户，好奇的客户，容易慌张的客户，不会拒绝的客户，挑剔的客户，轻信他人的客户，攀交情的客户，高兴的客户，好辩的客户，大女子主义客户，虚伪的客户，贪婪的客户，爱怀疑的客户，易受骗的客户，酒鬼客户，诚实的客户，模仿者客户，日理万机的客户，不轻信他人的客户，易受影响的客户，令人愉悦的客户，轻浮的客户，聪明的客户，健忘的客户，悲观的客户，思想开放的客户，顽固的客户，冷漠的客户，大男子主义的客户，善于思考的客户，善于享受生活的客户，不屈不挠的客户，易怒的客户，伪善的客户，好斗的客户，难相处的客户，洞察人心的客户，自大的客户，冲动的客户，保守的客户，说谎的客户，自负的客户，恶毒的客户，乐观的客户，健谈的客户，温和的客户，狡猾的客户，沉默寡言的客户，专心的客户，莽撞的客户，善变的客户，善于观察的客户。

针对不同类型的客户，要有不同的应对方法。最重要的是能识别出客户的类别，不要一概而论，因为同一种言行并不能适用于所有人。销售员的基本说辞要适用于绝大多数情况，但在演示细节的时候，方式也可以因人而异。在与客户交谈时，专业的销售员会努力做到准确而客观，并不断形成自己的判断。

一定要好好学习如何评估客户。为了正确评估研究对象，你必须保持一种悦纳的心态，不能让对方察觉你的目的。否则，他就不会说出真实的想法。

意志的力量

销售员要锻炼自己的意志力。

当他把所有的能力和精神都集中在特定对象上时，他的意志力才能得到锻炼。如果销售员在演示产品时三心二意、无精打采，他的意志力是不会得到锻炼的。销售员必须以自己的每一句话和每一个行为来影响客户，这并不局限于智力方面，而是要使用所有的销售能力。

销售员必须对自己的想法非常笃定，才能让别人和他想的一样。除非他对自己的理论、信条或产品展现出最大的信心，否则他不可能获得别人的信任。销售员不仅要让别人和他一样看好自己的产品，还要引导对方下决心购买自己的产品。这是销售员的意志与客户的意志对抗的过程，销售员的意志拿着说服的武器，而客户的意志则披着抗拒和冷漠的盔甲。

意志力的基本元素包括信心、勇气、果断、专注、从容、决心、斗志和毅力，想要提高意志力的销售员必须具备这些品质。懂得把自己对产品的认可和热情传递给他人的销售员，肯定也能让客户购买自己产品。要做到这一点，不能只是依靠语言的交流，而是要在精神上引起客户的共鸣，引导他一步步——无论运用什么方法，都要尽可能确保客户是愉快而确定的——做出有利于销售员的决定。

声音的力量

拥有令人愉悦的声音是一个极大的优势，能很好地帮到销售员。销售员很有必要提高一下自己的表达艺术，包括声音和态度。众所周知，训练有素的声音是非常有力量的。它就像一个交响乐队，错落有致地排列出了高、中、低音，而听的人根本没有意识到自己沉浸在声音的魔法里。运用它的人不是刻意为之，而是通过勤勉的训练让它变成了自己的一部分。

令人愉悦的声音和有教养的态度通常会让客户愿意成为聆听者，反之则不然。这并不是要求销售员在进行产品演示和企划说明时成为一名演说家，而是说，经过声音训练的销售员具备一定的优势，而且他知道怎样恰当地运用这一优势。

暗示的作用

暗示主要有两类：一类是直接暗示，即清楚地表达某些想法；另一类是间接暗示，即通过语言、态度或姿势含蓄地表达某些想法或念头，就像催眠一样。

暗示，就是外部环境通过感官呈现在我们头脑里的，能够引发思考、情感和行动的观念或其他客体。在销售过程中，暗示就是把我们的观念传递给他人。所以，销售员在使用语言时要极为谨慎，以免把错误的观念传递给客户。那些不恰当的暗示可能会盘踞在客户头脑中，并引出与销售员的目的背道而驰的观念。销售员在进行暗示时，要考虑这些暗示对客户的潜在影响。换句话说，销售员要站在客户的角度考虑暗示的影响，然后才能恰当地运用它。

记住，销售员的行为和语言都能传达暗示信息。因此，他可能会给客户留下过于聪明或过于柔和的印象。如果他表现得很胆怯，这暗示着他对自己的产品缺乏信心；如果他咄咄逼人，就会让客户觉得他在吹嘘。

不过，太多生硬的暗示也可能产生完全相反的效果。只有恰当地使用它，才能让购买者充分认识到产品的优势，也只有在这种情况下，暗示才显得不那么生硬。当然，这通常要根据实际情况来决定。

切记，不管是哪种暗示，都要包含"将会引发意愿和行动的一个观念或一组观念"。如果你无法保证效果，就不要使用任何形式的暗示。在使用暗示之前要先问一问自己："对于我所要说的内容或所要展示的产品，客户都了解些什么？这会对他产生什么影响，或者让他有何看法？我该怎样表达我的观念？"

自我暗示

与暗示别人不同，自我暗示是一个人自己的心中所想。它是自主出现在头脑中或经由他人提醒而回想起的一个观念。

我们从这种现象中可以看到自我暗示的力量：谎话重复了很多遍，结果说谎的人自己也深信不疑。

自我暗示，就是一个人想要记住自己不断重复的话或想法。它非常有助于性格的重塑。

在销售过程中，销售员可以通过示意、影射、旁敲侧击等暗示的方法让购买者在头脑中形成自我暗示。它的影响是强大而深远的。

性格和健康

我们已经了解到，保持谨慎和自制对销售工作来说非常重要。这种性格能够使销售员抵制诱惑，避免粗心大意。

尤其是出国在外的销售员，更要像在国内一样谨慎，这样才能避免被阴谋诡计伤害。总之，时刻保持谨慎和自制是没有错的。

同样地，健康的身体对销售工作来说也非常重要。身体健康的人充满力量，对别人有着天然的吸引力。他们充满自信、从容乐观，展现出了非凡的能力。健康赋予了他们更好的工作状态。销售员一定要注意保持健康，不能疏忽大意。

一些实用的销售技巧

一定要记住别人的脸和名字。

销售能力大小取决于销售员掌握了多少常识。

说话不在于多而在于精。优秀的销售员知道怎么说、说什么，尤其是知道何时该停止。在对的时间说对的话和在对的时间什么也不说一样难。销售员说的话只需要保持住客户的谈兴就够了。

洽谈业务或是维持与客户之间的关系的能力是最高端的销售能力。

彻底了解你所售卖的东西。了解你的产品，对它充满信心，你自然就能让购买者信任你。如果一个销售员对自己和产品缺乏自信，那他要么是入错了行，要么是弄错了自己的职业追求。

自负、炫耀和做作的态度令人厌恶和抗拒，而单纯、自然的举止则能吸引人，并交到朋友。

把他人置于老师的地位，这会让你得到众口一词的赞赏。

优秀的销售员从不会直接问一个人是否要买东西，这不是接近对方的正确方式。

微笑着赞同销售员所有话的人并不打算购买产品，他只是在给自己寻找借口而已。

眼睛是展现个人魅力的窗口。亲切友好地直视别人的眼睛，通常能让他感受到你的善意。有一句古老的格言说："买东西的时候，一只眼看着东西，一只眼看着卖东西的人；卖东西的时候，两只眼都要看着买东西的人。"

最好的销售员不会是文盲。训练头脑，培养思考能力，会让每个人的脸上都散发智慧的光芒。

勤勉并不是一个人天生就有的品质。西方人所说的"只要能到达，无论从哪里出发都没关系"显然并不适用于销售员。

对那些冷漠的、脾气坏的、心怀不满的和沉默寡言的人来说，礼貌并不能让他们敞开心扉。销售员只有从他们的利益出发，才能敲开他们心灵的大门。

相比于衣着破旧的人来说，穿得体面的人自尊心和控制欲都更强。

在阴沉的下雨天，店主们都显得很沮丧，即使商店里满是客户，你在一个小时里卖出的产品，也并不会比在一个阳光灿烂、忙忙碌碌的日子里五分钟内卖出的更多。

忠诚和信任比聪明才智更有价值，因为它们很罕见，也无法被买到。

你不能强迫别人接受你的判断，也不能强迫他们相信你。

你的人际交往应该是纯粹而友好的，你还得具备良好的个人习惯。

你必须要坚守道德，否则永远不可能取得真正的成功。

《销售指导》举例

销售员不一定会从公司得到精确的指导，但有些现代化的公司会为销售员准备好具体的指导。它们有时来自销售经理的嘴巴，有时来自大型公司的培训部门，但现在，它们通常以书面形式被发到销售新人的手里。

以下是一份典型的《销售指导》。我之所以会罗列这些，是因为它们以简洁、生动的语言囊括了许多有价值而又与所有人的切身利益相关的要点。

总则

没有一成不变的销售规则或指导，但以下内容是我们的政策。这些常识适用于所有种类的销售工作。这些规则来自资深从业者，他们为了获得经验和知识，花费了大量金钱，并成年累月地辛勤工作。希望你们能运用它们获得最佳效果。

（1）你要提前准备好行程表。这意味着你应该完善好拜访对象的个人信息，并写下他们的地址。

（2）无论什么时候，如果你的行程表里漏了一个地方，而你听说这个地方是可以去的，那就按你自己的判断行事。

（3）出于业务往来的需要，我们会给你最大的自主权。我们坚持业绩至上的原则，我们不需要这样的销售员：每天早上不刮胡子、萎靡不振的，白天喝酒的，酒气冲天的，衣着不合身或衣物不干净的，没有仔细修剪指甲的，不想打破前一天或前一周的销售记录的。

（4）销售包含四个步骤：吸引注意、唤起兴趣、激发欲望和做出购买决定。吸引客户注意时，要留意四个方面：客户的需求、客户的自尊心、产品价格、购买的必要性。向客户展示我们的产品对他的事业非常有好处，特别要说明，如果他不购买的话，他的对手就会购买。

重要准则

（1）销售员应该尽量少使用名片，除非是第二次去拜访客户，但如果是二次拜访，则更没必要。而且，你接触的那些人并不需要这种形式的介绍。

（2）在没有弄清楚你要拜访的人的名字，并尽可能收集到关于他们的业务性质、业务规模、广告宣传以及他们实施的政策之时，不要贸然走进一家商店。

（3）如果在拜访客户的过程中遇到了麻烦，只需要简短地告诉向你索要名片的职员或秘书说："我是芝加哥的齐默尔曼先生。请您转达布兰克先生，我来这里是要谈一件和他的业务息息相关的重要的事。"

如果他们问你是否是一名代理人或你从事什么业务时，你就这样回答："不，我不是代理人。我只需要占用他几分钟的时间。我对我的业务无可奉告，您只要告诉他芝加哥的齐默尔曼先生想和他谈谈，我想这就够了。"

这样说将会更有成效。从你进入商店的那一刻起，你要表现出很懂行的样子，否则你看上去会像个小学生。如果你在会面中表现得不卑不亢，就会得到客户的尊重和注意，并成功完成销售。

（4）销售是一场心理战。如果一个人心里已经有了其他想法，即使他抽出了时间，你也不可能和他做成生意。最简单、最好的方式是评论几句他从事的业务，以显示你的知识和兴趣。如果他在银行工作，你就可以这样说："班克先生，我很惊讶镇上只有八家银行，而你们银行一个月的业务额竟高达一百万美元。我发现您的员工非常努力，都一心想要提高你们银行的业务份额。"

接下来你要做的就是说明自己的来意。记住，对不同的人要使用不同的谈话方式。有些人，比如银行家，就只能通过谈业务的方式来套近乎，而其他人则可以通过激发他们的某种情感来套近乎。

在这里我要提醒你，一定要确认你所面对的人就是想找的那个人。如果你正在和银行家或是银行的司库员联络，那么你就要弄清楚是否有必要去拜访主管。在这样做的同时，注意不要让司库员承诺超出他权限的事情，因为这会让你受到损失。

（5）在和客户进行关于销售的交谈之前，你应该先用几分钟时间告诉他一个总体概念，他甚至当即就会决定购买。

记住两个要点。一是要得到客户的认同，这意味着让他赞同你说的话。比如：广告是必要的，电子银行正在瓜分实体银行的蛋糕，广告就是在报纸上做简单的销售，等等。当他认同你的观点时，你就能和他融洽相处。不要表现出你在为一场斗争做准备，也不要和他争论。二是不要让对方说"不"，并且永远不要和他争论。这是销售中重要的原则之一。

（6）销售员需要具备四种能力：

①智力或思考能力。

②健康或身体能力。

③感觉或精神能力。

④意志力或行动力。

穷人和富人的最大的区别就在于他们的行动力。事实上，很多优秀销售员的产品比你的产品要差很多，如果你运用意志力并付诸行动，你会比他们还要成功。在相同的产品线上，你总会有竞争者，他们的产品无论如何都比不过你的产品，但他们却能大赚特赚。难道你只能以他们一半的价格售出产品吗？你应该怎么做？这取决于你自己。

当公司将上面这份《销售指导》交给销售新人之后，他们就获得了资深销售员所积累的丰富经验。他们应该认识到，他们背后有咨询机构的支持，一旦遇到困难，他们可以向公司寻求建议。如果他们足够聪明，能彻底吸收其指导思想，他们就会对自己和自己的产品充满自信，更好地吸引客户的注意。

第五章
销售前期：接近客户——以收银机公司为例

找准目标客户

每次完整的销售都包含三个重要步骤，新产品的销售尤其如此，它们是：接近客户，演示产品，完成销售或得到订单。

再怎么强调接近客户的重要性也不为过。很少有销售员从一开始就能很好地接近客户。在他们的记忆里，和客户最初的见面通常是一种折磨。错误的接触方式通常会导致失败，因此，销售经理应该好好地把正确的接近客户的方式教给销售新人，这样他们才可能给客户留下一个好印象并引起其注意。

很少有公司像全国收银机公司这样去研究怎样接近客户的。他们针对销售员的指导值得所有人关注。接下来，我会用三章的篇幅来介绍他们的销售经验。

介绍自己

不存在某种固定的说话方式可以适用于所有销售员与客户初次见面的情况。在某些情况下适用的说话方式，并不一定适用于其他情况。在很大程度上，销售员需要灵活处理。与此同时，以往的经验表明，一些特定的说话方式往往具有较普遍的适用性。以下是其中的一些说话方式，希望销售新人能从中获益。

开场白不要花很长时间。通常来说，简短的谈话更具说服力。我们不建议销售员通过递名片来介绍自己，而应通过具有吸引力的语言来介绍自己。我们非常反对不清不楚的自我介绍和各种花招，坚信言之有物并以自己的职业为傲的销售员能够更好地履行自己的使命。

坚定信念

销售员要赞许客户，但也要坚持自己的立场。他应该庄严而认真。购买收银机对店主来说是一件很重要的事，而且可能是他店里最大的开支。这是一件严肃的事情，绝不可以轻率地对待。

仅凭小笑话或小聪明，销售员永远无法真正接近一家商店的店主。销售员应该留给店主这样的第一印象：他非常珍惜双方的时间，他有重要的事情要谈，而且不打算浪费时间。

首次拜访

能否成功售出收银机，在很大程度上取决于销售员与店主的第一次会面。如果销售员能给店主留下好印象，很好地回答店主的问题，回应反对意见，并说服店主去看收银机，这位店主就会成为潜在的购买者。相反，如果第一次拜访搞砸了，第二次拜访就很难有效果。

你不要以为店主知道自己的最大利益是什么，他并不知道。大多数人每天的所作所为都与他们的最大利益背道而驰。他们几乎对那些能帮到他们的好东西视而不见。

你一定听过这个古老的故事。一个人在伦敦桥上给基尼金币开出了每枚一先令的价钱，结果没有一个人讨价还价。成千上万的店主就像那些买基尼金币的人一样糊涂。收银机对他们来说是有利资源，买收银机实际上是件赚钱的事。如果不把这一点灌输给他们，他们就不会明白。这就需要你充分了解这一点，坚持这一点，并让他们看到这一点。

争取演示

接近客户的第一个要点是看起来像个绅士，表现得像个男人，并让他听你说话。第二个要点是彻底说服他去看一看收银机，而不是试图劝说他买一台收银机。

不要一开始就试图让他消除"你试图迫使他购买不需要的东西"的印象。让他亲自去看一看收银机，并判断它是否有价值，这一点非常重要。

看清环境

除非客户是熟人，而且你熟悉他做生意的方法，否则就要事先想好怎么向他做自我介绍。这一点在任何情况下都非常重要。为此，我们准备了图解卡片。它能教会你制作销售所必需的信息便签。你可以任意在商店里购买一支雪茄、一个苹果或是其他任何东西，同时递给店员一张需要找零的钱币。通过这种方式，你可以观察收银机的位置，观察店员的操作方式。如果你发现那是一台普通的老式收银机，那么你立刻就得到了一个不错的"销售点"。如果可能的话，先和店员交谈一番，弄清商店的情况，看看店员是怎样收银的。

从商店里的设备和商品陈列柜，你能看出店主是否具有革新精神；从商店所使用的台秤种类，你能看出店主是否信任现代化的先进设备；从商店的橱窗，你能看出店主是否善于利用广告空间；从商店的整体外观和店员，你能看出店主是否强调整洁和纪律。

短短几分钟时间，你就能简略地看清商店的整体环境，并为接下来的会面做好准备。你不仅能指出他的商店哪里存在缺陷，还能从他所使用的设备和器具，准确地判断出他需要哪种类型的收银机，以及他是否会对先进的收银工具感兴趣。

使用图解卡

在第一次见面时，你应该记下他对你的问题的回答，以继续完善你的图解卡。当他发现你在打算卖给他收银机之前，还非常想了解商店的情况和他的行事方法时，他会下意识地认为你能推荐给他一个更省钱的收银系统，即使你并没有合适的建议。如果他说好了要去看看收银机，那么在他来之前，你获得的这些信息就可以帮助你进行通盘考虑。

准备好开场

就像律师在开庭之前要准备辩护状一样，你在店主到来之前也要准备好产品简介，并能以一种令人信服的方式表达出来。所有店主都会感激你这种细心的准备，你的影响力会更大，完成销售的概率也会远远大于那种毫无计划、粗心大意的做法。

绕过障碍

在彻底调查清楚一家商店之后，你应该直接去找店主或是某个能带你找到店主的人，并对他说："您是约翰逊先生吗？"要提到他的名字，而不要问："您是店主吗？"如果他是店员的话，他可能会因为虚荣心而假装店主。

如果他是店员，并对你说："我不是，约翰逊先生很忙。"你可以说："好吧，我会等他有空的时候再说。"如果店主出去了，你可以说："好吧，我会再来拜访。他什么时候能回来？"

如果店员说："你有什么事？你为什么要见他？"你要这样回答："我想要亲自会见约翰逊先生。我会等他来。"如果店员非常顽固，继续问道："你叫什么名字？我该怎么告诉他？"你说出自己的名字没有害处，但是不要告诉店员你的业务，也不要递出你的名片。

会面中的注意事项

直奔主题

见到店主后要立刻说："早上好！您是约翰逊先生吗？"然后直奔主题："我是全国收银机公司的代表。"这样一来，你的谈话就有了一个正当的立足点，而且如果他很反感你的业务的话，你的这番话立即就能引发他的怒气。如果他什么也没说，你就立刻开始阐述业务，但是不要把"我来是要卖给你一台收银机"或者"我来是要聊一聊我们的收银机"这样的话挂在嘴边，而要这样说："我们有更好的方法来处理收银事宜，我想您会感兴趣的。"

这两种说话方式的不同之处在于：前者是你在完成自己的任务——和你自己有利害关系，后者是在帮他完成任务——可能引起他的兴趣。

第一印象

记住，前五分钟的谈话很可能会决定销售的成败。如果你对店主有任何敌意或冒犯，那么你一开始就已经搞砸了。如果你没能让他高兴或吸引他的注意，那是你没有做到位。

仅仅消极应对是不够的。你应该留给对方一个积极的、令人满意的印象，而且不是靠奉承对方和耍小聪明。**让别人喜欢的唯一正确方式是让你自己值得被喜欢。**

大多数人通常并不清楚自己喜欢或讨厌什么样的性格，但他们会不自觉地为之感到高兴或不高兴，产生喜欢或讨厌的情绪。这些感觉是确切而明显的，即使他们不知道是什么造成了自己的这种感觉。一个乡村小店的店主，也像任何商业帝王一样，能感受到被喜欢或是被冒犯。永远不要忘记，不管处于什么地位，他都需要保持自己的尊严。

吸引注意

不要试图和一个不再倾听的人交谈，如果他在写信或是干别的事情，那么你的谈话就毫无用处，而且还伤害了你和他的尊严。如果他不能集中注意力，那就对他说："我看您现在很忙，如果您能给我几分钟，我会非常感激。但是如果您不希望被打扰的话，是否能另外抽出会面的时间，我会再来拜访的。"

要明白信任和随便的区别。永远要尊重自己，尊重你的谈话对象。不要和他过于亲密。不要把手搭在他的肩上或手臂上，不要抓住他的外套。绅士都讨厌这样的行为——你要假定他就是一名绅士。

在客户面前，不要敲桌子或摇手指。不要冲他大喊大叫，好像声音能取代理智似的。不要站在他前面，兴奋地说个不停，否则他会因为害怕被你撞翻而远离你，仿佛你是一辆有轨电车。我就曾见过一个销售员因为太靠近客户，而让客户缩了回去。

不要强迫别人听你大声而快速地说话。不要让他觉得自己插不上嘴，而只能等你上气不接下气停下来的时候。这不是结识客户的正确方法，只会让他觉得你急切地想要倾诉。

换位思考

从一开始你就要站在他的立场上考虑问题，让他觉得你不是试图把自己的业务强加给他，而是想要和他讨论你能给他带来什么好处。

如果他听完你的介绍之后马上就说："我太忙了，没时间谈这些。"你要立刻这样说："好的。如果现在您一分钟的空闲都没有的话，我会再来拜访的。如果您能抽出几分钟时间，我想简单了解一下您是如果处理收银问题的，假如您不介意告诉我的话。"如果他不介意，那就和他讨论，但不要把你的想法或是任何关于收银机的话题强加给他。记住他告诉你的内容，做好笔记。

如果他一开始就想争辩，说"我们有自己的收银系统，非常令人满意，我不打算更换它"或"它比你能展示给我的任何收银系统都要好"之类的话，不要断然反驳他，而要说："您可能是对的。我的建议可能无法引起您的兴趣，但我很乐意了解您的收银系统。您一定能教我点什么东西，虽说您对我们的系统不感兴趣，但我们可以有所收获。"

克制情绪

如果他对你们公司或你们的收银机破口大骂，不要和他对骂。记住，柔能克刚。你应该这样说："约翰逊先生，我想您肯定误会我们了。您说得太刻薄了。您是一个公正的人，所以我确定您是被误导了。如果您了解了事实真相之后，我相信您会改变自己的看法的。"

不管面对什么状况，都不要和他对抗。不要打断他的谈话，让他说完。不要让他觉得你是一个讨厌的人，或者你试图耍花招来避开他。让他感到你从一开始就很真诚，你是来谈业务的，但如果他没时间的话，你并不打算打扰他，并且你真心把他的利益和你的看得一样重要，你只是渴望能公正地探讨此事。让他感觉你是一名绅士。

简明扼要

一旦客户做好了倾听的准备，你就要迅速、简洁地说完你想说的话。如果他乐意倾听，不要大惊小怪。开场白不要太长。不要浪费时间说诸如"如果您愿意听的话，我会告诉您""如果您愿意消除偏见，我会解释"或"如果您给我几分钟，我打算告诉您"之类的话。不要只是说"打算"，而要直接告诉他。

基于你之前对他的商店和收银方法的调查，你已经掌握了真实情况，你知道他的弱点。说出这些真实情况吧，让它们像炮弹一样直接命中目标，以一种温和的、高尚的方式来展示你的力量。

牢记目的

你拜访客户的目的，是希望他对收银机产生兴趣。只有产生了兴趣，他才会愿意亲自去看一看收银机和你的演示。他一定不是因为好奇而来，而是因为对你的说明印象深刻，认为自己如果不换一台收银机的话，会给他的商店造成损失。

给一个单纯出于好奇的店主演示收银机，你先前的努力就都白费了。你只要把收银机放在街角的一个大桶上，就可以迅速吸引一大群好奇的人，但是真正购买收银机的，一定是那些对你印象深刻并愿意前来进一步获取相关信息的店主。

连带销售

不要试图在第一次拜访的时候就完成销售。如果一个店主说他想要某款收银机并签下了订单，那就收下他的订单和钱。但是要记住，你的职责并没有完成，除非你把他带到办公室做演示，并且努力卖更好的东西给他。

我们的销售员目前存在的最大问题就是，他们只是想要那些容易得手的订单，而不是努力为一家商店提供系统的解决方案，并以此唤起店主购买高级收银机的兴趣。尽管高级收银机比低级收银机的安全等级要高一倍。

回应问题

没有实物的时候，不要凭空做演示。如果客户提出了具体的问题，你当然不能回避，而是要明确、坦率地回答他，但是只要清楚地回答问题即可，不需要进一步详细说明。如果他要求更确切的回答，你就要坚决地说："如果有一台收银机的话，我就能明明白白地展示给您看，但现在我没有收银机，无法解释给您听。"

点明本质

在销售谈话中要强调这一点：收银过程中存在的错误，正在让店主损失比他想象中更多的金钱，而且他需要一台收银机来及时止损。店主对以上两点的怀疑态度是他拒绝购买的主要原因。其根本在于，他不相信商店交易中存在的错误正在让他损失大笔金钱，或者是他并不了解收银机的价值，觉得它不值那么多钱。他可能会用多种方式拒绝你，但归根结底都源于以上两点。因此，如果他还没有意识到这一点的话，销售员的首要目标就是要告诉他：他比想象中损失了更多的钱。

循序渐进

当然，这么告诉他的时候也一定要谨慎，因为很少有人能很快就认同这样一个逻辑性很强的结论。店主很难立刻就相信，他正在因为收银中存在的错误而损失大笔的钱。如果你就这么生硬地告诉他，他可能不会相信，甚至也不再相信你其他的话。但是，他通常乐于承认自己时不时会损失一小笔钱。你必须逐渐地、一点一点地向他指出，他所认为的"时不时"的"一小笔损失"，累积起来就是一大笔钱。

会面中的实用话术

准备好简洁答复

店主可能会想要一个简洁的、易于理解的答案，你要事先做好准备。如果他问道："我为什么需要收银机？"较好的回答是："因为相比店里的其他东西，它会带给你更多的利润。"他接下来会问："它怎样带来利润呢？"较好的回答是："它会避免你店里现在常出现的那些错误。"

准备好详细答复

店主可能会说"我已经有了一个很好的收银系统""我的家人在照料商店""我会留神，我熟知店里的每件事"或者"我的店员诚实又细心"之类的话。这时，销售员就要做出更详尽的答复。

我们的销售员在回应客户拒绝的时候，发现有些回答非常有效，公司会不时将这些很好的回答整理成册，以供每位销售员学习。每位销售员都应该彻底吸收所有的好点子，这样他就能随时对客户提出的任何问题做出详细回答了。

全面回复，扫清障碍

针对那些琐碎的拒绝理由，销售员最好的做法就是直击事物的本质，准备一两个能够扫除一切障碍的全面回复。当然，这基于销售员对客户弱点的了解。回答客户那些不经思考的无数小问题，就像从地板上一点一点地捡起脏东西一样。更好的方法是使用一把强而有力的"说理扫帚"，立即将它们一扫而光。

引导谈话方向

你首先要弄清楚他在想什么。让他自由地表达想法、提出问题或说出困难（如果他有的话）。不要回避这些想法、问题或困难，对他表达同情，站在他的角度看待问题，然后尽快让他进入你熟悉的话题范围。与其去回答一长串的小问题，不如直接跳过它们，尽快落到一些重要的问题上，这些重要问题会让客户迅速看清他的商店出了什么问题。

勇于承认一些事实

你可以这样对店主说："不管店主和店员多么谨慎，有时候他们仍会忘记索回赊款或是正确地记录所有交易。威廉姆斯先生，这是事实。尽管您和您的店员非常仔细，您也可能拥有一个很好的收银系统，但您只是一个普通人，而每个普通人都可能犯错，没有谁是永不犯错的。排除您的谨慎和您所使用的收银系统，您得承认，您的店里仍然潜伏着各种错误。"所有店主都会承认这一点，然后，你就要稍稍缩小问题范围："有没有可能，今天有一小笔赊账没有付清，而您也找不出来？有没有可能，今晚盘点收入的时候少了些钱，而您再也找不到了？"他当然承认这是有可能的，而且承认有第一次就会有第二次。如果你能继续深入有力地说服他，让他相信自己正在损失金钱，他自然就会愿意了解能帮他避免损失的方法。

让一个人相信他需要帮助，十有八九会是一场战斗。如果你想卖一种治肺结核的药给一个不相信自己得了肺结核的人，那你直接告诉他疗效有多好是毫无用处的。你首先要做的是直接指出客户的疾病。除非他能看到这一点，否则他不会接受治疗。

提出你的解决方案

如果你确定他已经意识到了收银中的错误正在给他造成损失，那就坦率地向他提问："我能给您看一下能彻底止损的东西吗？不管您是否在店里，它都能准确记录每一笔交易，这样您就清楚地知道收银柜里应该有多少钱，分期付款收回了多少钱，等等。它会明确记录每一笔赊账，这样客户就不可能不付钱而拿走店里的商品。这难道不值得您考虑一番吗？"

突出差异性

在比较客户现有的收银系统和你的收银机系统之前，你要尽可能充分地获取对方的相关信息。不要谈论你一无所知的东西。但是如果客户坚称他正在用的收银系统绝对可靠，而且全国收银机公司的收银系统不可能比它更好，那么你就要指出自己的收银机系统与其他收银系统的一个明显区别。事实上，你应该说："任何依赖于人类记忆的系统肯定会出现错误、造成损失。"他可能会说："难道你们的收银机不依赖人类记忆吗？"你可以这样回答他："它是自动化的，不需要依赖人的记忆。"如果他又问："它怎么自动化了？"你应该说："到我的办公室来，我会让你明白我说的都是实话。但是现在我手头没有收银机，我没办法给你解释。"

回应拒绝

如果他拒绝说他买不起收银机，那只能说明你没有把自己的观点植入他的思想之中。你应该说："难道您会负担不起一个能给您带来丰厚回报的东西吗？如果买一台收银机只是在花钱而不能带来回报，您当然不会想买，您不可能把钱浪费在那些对生意毫无用处的东西上。相反，如果它是一个能赚钱的投资项目，我想您会愿意和我一样去研究它的。

"如果有人打算卖给您一批您店里没有的产品，并告诉您三十五万家商店正在因为出售这种产品而赚钱，并且赚得比其他产品更多，您就不会看也不看，就回绝说'我买不起了'。您会非常乐意去看看它们到底是什么。

"如果三十五万家商店已经证明我们的收银机是一个实惠的投资项目，那么它一定是值得投资的。作为一名商人，您不能看也不看一眼就回绝我，也不能对自己店里的问题视而不见。"

不断加深他的印象，直到他完全领会到以下几点：购买收银机不是一笔花费，而是一个赚钱的投资项目；他现在使用的收银系统可能会造成损失；在让他信服之前，你不会勉强他购买收银机；你唯一坚持的事情就是让他彻底了解收银机。要想说服他去看货，你需要在第一次会面（这时你手头没有收银机）的时候就做好该做的一切。

最后要做的，就是和他约定一个具体的演示时间。如果你前面的工作完成得很好，这一步不会太难。如果你让他认识到了赴约的必要性，他会很乐意遵守约定的。

直面问题

如果对方提出了一个很直接的问题，那就坦率地回答他，不要躲躲闪闪，不要绕圈子去做一大堆解释。

如果他直接问"这个怎么样"或"那个怎么样"，你就不要这样开头："先生，这家公司一开始进入这一行时……"不要回顾一大堆历史之后再回答他的问题，或者转移话题试图让他忘记问题，而是立刻坦率地回答他。在此之后，如果你的一些回答基于其他事实或公司的历史和总方针，那就可以详细解释一下了。

不要被同一个问题难倒。如果销售员很好地了解了自己的产品，并且接受过培训，获得过建议和帮助，那他就没有任何理由回答不出客户的问题。

预约客户

你要坚持一个观点：店主应该亲自去看看产品，即使想要拒绝，也应该先了解一下事实才好。要很正式地邀约店主，不要让他感觉这件事不重要，是可以草率应付的，而是要让他感觉这件事非常重要，是值得花时间去做的。

邀约时要尽量详细、具体一点，让店主觉得自己有责任遵守约定。销售员普遍存在一种错误，那就是把店主的点头和"好的，我周二去你那儿"或者其他类似的言行当成一个约定。销售员应该让店主充分认识到详细了解产品的必要性，增强他准时赴约的责任意识。

一个有效的办法是，你在离开之前，把邀约信息写在卡片上交给店主，像这样：周二上午十一点，在××旅馆（或者××街×号）与琼斯先生见面，并演示收银机系统。

快到见面时间的时候，你可以到他的店里去。一来可以提醒他遵守约定，二来可以带他一起去旅馆或办公室。在大城市里可能会有例外情况，比如，销售经理应当在办公室等着客户上门拜访，但是销售员无论如何不应该在旅馆或办公室坐等客户遵守约定。你的时间非常宝贵，这个约定也非常重要，指望客户自主遵守约定，很有可能会让你失去签单的机会。

争取演示产品的机会

争取演示产品的机会时，可以参考以下话术：

"布兰克先生，我对您店里的收银方式做了一点儿调查，冒昧将一些情况记录在了这张卡片上。我是一名收银系统专家，也是一名收银机销售员。我们经常能从店主那里得到有用的信息，然后为他的生意提供一些有价值的帮助。如果您能给我提供一点儿店里正在使用的收银系统的信息，我想我也许能为您提供一些有价值的帮助。

"我发现您的店里有两台收银机（你看到几台就说几台）。我能问问您现金交易的比例占多少吗？信用消费的余额完成了多少呢？（如果店主回答了这个问题，你就得到了两条很重要的信息。）

"我留意到您的销售员是在复写账簿上记录交易。您到晚上会把它们誊写到总账上吗？您雇了会计员吗？我看见有四个店员在您的店里工作。您总共有多少店员和司机？您有多少销售员？您使用赠品券或折扣券吗？

"布兰克先生，我问这些问题不是出于无聊的好奇心，而是为了向您展示为什么一台收银机能为您省钱以及怎样省钱。我确信它能做到，并且您应该了解一下我们的收银系统。首先我想指出您店里存在的漏洞。第一步，请您打开收银柜。您知道这些收银柜里现在有多少钱吗？您知道一天下来，因为失误和粗心大意，你会少收多少钱吗？如果收进了一张假钞或一枚假币，您知道是哪个店员收进来的吗？您愿意将您费尽心血赚来的钱交给这种开放式的收银箱吗？我们的收银机能解决这些问题，并弥补这些漏洞。您了解之后一定会有所收获。"

第六章
销售中期：演示产品——以收银机公司为例

熟知产品信息

演示产品是为了激发客户的购买欲，因此销售员必须提前熟悉销售要点。销售员要向客户传达深刻、清晰、具体的概念，避免笼统和离题。首先，你要让客户认识到，他需要一套新系统、一个新产品或一支新股票；其次，你的产品要优秀到值得他购买；最后，你要让他立刻购买。

在成功接近客户之后，全国收银机公司的销售员会得到非常充分的指导。下面我就来介绍一下他们在产品演示环节的销售经验。这些经验值得所有销售员学习，因为它们适用于许多行业。

了解你的产品

每位销售员都应该非常熟悉每款收银机的具体优势，了解它们在实际使用中的全部价值。你只有非常熟悉所有机器的不同之处，才能引起客户对之进行比较的兴趣。你只有非常熟悉每款机器的使用方法，才能迅速判断出客户需要的是哪种收银机。不要让他把注意力集中在效率低下的机器上，同时也不要向他展示超出其购买能力的机器，因为这样会使他对手头的机器产生不满。如果他对一台高价机器产生了兴趣，而你确定他不会购买或是不必要购买，你可以对他说："布朗先生，虽然那台收银机价格更高，但它并不适合您的生意，您也不能从它那里获得最大的利益。我希望您能把钱用在刀刃上。"

销售适当的产品

记住，把合适的收银机卖给合适的店主是你的职责。合适的收银机既不是他认为自己应该买的，也不是你为了抽取更多佣金想要卖给他的。卖给客户一台他付不起钱的机器或是一台对他的生意无益的机器，或是仅仅因为抽成更高一点儿，就卖给他一台毫无用处的机器，这都是不应该的。

虽说"一分价钱一分货"，但很少有人具备足够长远的眼光去选择高价货，即使最终结果证明高价货才是最经济实惠的。你要先认识到这一点，然后再让客户认识到这一点。

如果销售员没有好好研究过自己的产品，他可能会和店主一样，认为低价的收银机就能满足自己的需要。但事实上，如果高价收银机对他的生意有利，那么对他来说，这台机器要比其他价位的机器更有价值。

这有点像卖衣服。如果一位经常风里来雨里去的卡车司机打算买一件大衣，那么一名专业的销售员是不会向他推销高档的法国名牌服装的，同理，他也不会向一位上流社会的客户推销一件粗呢外套。专业的销售员懂得什么是真正的经济节约，会为客户推荐最适合的外套，以激起客户的购买欲。

了解并尊重你的客户

不要辩解

不要让自己表现得咄咄逼人。不要试图去证明你说的都是实话，而是要用事实说话。如果客户怀疑你列举的事实，也不要言辞激烈地去反对、去辩驳。你只要说出事实，然后假设他相信你就好。

礼貌得体

不要表现得跟客户过分熟络。在演示产品的过程中，一定要请他坐下来观看。不要让他有一丝一毫不舒服的感觉。当他有话要说的时候，你只需要闭上嘴巴，听他说话。你要像绅士一样对待他。

让客户认识到产品的重要性

我想提醒所有的销售员，特别是刚入行的销售员，在演示收银机时，一定要牢记这样一个基本观念：客户正在做的事情非常重要。他之所以对你印象深刻，正是因为这件事很重要。他不是为了帮你或是出于好奇才来看你的产品演示的。如果他只是从生意中抽空来享受你的款待，那他不是你要交谈的对象。他不值得你浪费时间。你要让客户认识到，他正在做的这件事会给他带来重要影响。

再度激活他的兴趣

争取在拜访客户后不久，就立即进行商品演示，否则客户会因为事务缠身而忘记了你说过什么，等他赴约的时候，已经没了兴趣。你在进一步演示产品细节之前，必须重新激起他的兴趣。你应该说点什么，例如："××先生，我很高兴看见您认真严肃地对待这件事情。我希望您能明白我的感受，也希望您见证整个演示过程，并依据自己的信念做出决定。我将要展示给您的不仅仅是一个便利设施。正如我上次所说的一样，它绝对会杜绝交易记录错误而导致的所有小损失。我知道这是事实，但我想要跟您说清楚，这样您心里才踏实。"

了解他的生意

正如你期待客户能仔细了解你的业务一样，你也应该提前研究他的生意，并彻底弄明白每款机器的具体优势，这样才能清楚地知道哪款机器最适合他。除非你对自己的业务和他的生意都了如指掌，否则你在这一点上无法形成准确的判断。如果你自己都没有准确的判断，那就更不可能将其传达给一个潜在购买者了。

不仅要提前研究他的生意，还要在演示之前做一些思考。认真准备案例，把他的收银系统的缺陷写在纸上或黑板上，然后对应地写上我们的收银机可以怎样杜绝这些缺陷。演示完成后，你可以向客户阐述自己的思考，以此作为总结会让他深受触动：你的判断不是随意的猜测，而是经过深思熟虑的，因而你的结论也是合理的。

帮他做出选择

要站在客户的立场看问题。当你想在商店里买一件东西，并且提出具体要求时，你很清楚自己需要怎样的引导。如果店员在你面前摆了十二件不同的商品，并且一点建议都不给你的话，你会觉得他根本不精通业务。同样地，如果你在卖收银机时没能帮助客户挑选产品，他也会觉得你很不专业。

先向他展示低价收银机的诸多好处，然后让他一台一台去比较，从而了解哪款收银机更好。你在介绍适合他的收银机之前所展示的所有机器，都像一次次毫不起眼的试飞，最终要飞向的是那台你觉得适合他的收银机。

在此过程中，可以参考以下话术：

"布兰克先生，我希望您了解收银机行业的发展状况，这对您非常重要。收银机的产生源于商人的安全需求。商人意识到，使用开放式的收银柜简直是不可饶恕的错误，于是他们急需一种能防范失误的收银系统。第一台收银机是一位商人发明和制造出来的，其目的是让店员记录并标示交易总额，之后又有一位因为店员的粗心而损失了上万美元的商人对其进行了改进和完善。"

学会分析客户

学会分析客户的性格和情绪。所有人都喜欢诚实、礼貌、认真和有毅力的人。大多数人都想了解事实，你要依靠事实赢得客户的信任。你列举的事实要像玻璃一样透明，经得起推敲且简洁明了。不要用很琐碎的观点让客户陷入一头雾水的境地。概括出几个重要观点并反复强调它们，但是也要说清楚客户想知道的事情。一件小事只要能拉近你们之间的关系，它就不是毫无价值的。

大多数客户需要被引导。始终直视他的眼睛。学会看懂一个人的面部表情，比如某个表情代表他"几乎被说服了"，而另一个表情则代表他心怀恨意。你要根据他的表情来调整自己的行为。有人喜欢你慷慨激昂一点儿，有人喜欢你风趣幽默一点儿，但这两种风格也都隐藏着危险。当心那些只是微笑、点头的人，他们极有可能不会购买产品。你要相信，认真、坦率和诚实会带给你成功。

演示要面面俱到

很多销售员都忘了这样一个事实，即客户对收银机知之甚少或是一无所知，而他却了如指掌。因此，他必须事无巨细、面面俱到，才能让客户记住产品。你永远不知道收银机的哪个特点会给客户留下深刻印象，因此，面面俱到地演示产品就非常必要。

答疑解惑

能让客户来观看产品演示，你就已经完成了最重要的一步。你可以认为他对你的产品有了一定的兴趣。现在，你要很好地利用这个机会，准确、彻底地说出你想说的话。在产品演示时，说话不要太急，好像一下子想说很多话似的。要给客户留有表达、提问的时间。他心里很可能已经有了想法，这些想法也许对你有利，也许对你无益，但你应该弄清楚。不要想当然地认为他默不作声，就是同意你的观点，或是理解你说的话。

沉着从容

演示产品的时候要沉着从容。如果你通过他迷惑不解的表情看出他不是很明白一些东西，就要暂停演示，直到他弄明白为止。慢慢地解释清楚每一个要点。只要他对你的陈述稍有疑虑，你就要停下来，确保得到他的赞同后再继续下去。如果他不同意你的观点，就修改自己陈述的内容，直到他同意为止。一般来说，只有确保他同意你提出的每一个主张，他才不会在你抛出最终结论的时候翻旧账。但是，不要试图去强逼他，而是要表明，你只是希望自己的论证尽可能合理。

不要试图成为"聪明的"演说家，不要为了售出产品，而在语言和行动上使用阴谋诡计。要尽可能展现出自己的坦率和真诚，并专注于以最朴实、最亲切的方式说出事实。最重要的是，在演示的过程中，不要表现出畏惧、迟疑、不确定的态度。要充分认识到那些支撑你观点的事实是非常有力量的，要对自己的论证充满信心。冷静、从容地摆事实、讲道理，一步一步地让客户完全信任你。

真诚自然

销售收银机是一份靠谱而严肃的工作。你要平实地讲述那些真凭实据，确信客户能够从中受益。你应该对此满怀真诚。如果你非常真诚，客户就会觉得你说的话很重要，从而更加信任你。

演示要伴随着说服

也许你顺利地完成了演示，客户也没有出现任何不赞同的迹象，但如果他的心里一直对你提出的重要主张抱有疑问，那么你的演示就没有任何效果。即使他没能清楚地记住自己不赞同哪一点，但总的来说，那种反对的感觉会刻在他的脑海之中。不管你的主张多么合理，他不赞同的那一点仍然会作为一个薄弱环节留存下来，你没有完全让他信服。千里之堤，溃于蚁穴。你的论证很可能会因为这一薄弱环节而彻底失败。

第一步

你必须要让客户认识到这一点：他可能会因为那些他从不在意的小额款项而损失一大笔金钱。持续不断地损失小额款项和一次性损失一大笔钱是一样的，一定要让对方意识到前者的严重性。这是第一个基本主张。

另外一个基本主张是，不管店主和他的店员多么谨慎小心，他们都是普通人，是人就可能犯错，而所有依靠人类记忆的收银系统都难免出错。这是所有客户都会认同的基本常识。这一点对他来说是合理的，无论如何都不会引起他的敌意。

接下来，你可以这样问对方："考虑到'人非圣贤，孰能无过'，难道您的店员就不会偶尔出错吗？"大多数店主都会认同这一点。你可以接着问："您或许偶尔会发现这些损失，但当您没发现的时候，这些损失就不存在了吗？"继续这样问："您只是偶尔才会发现差错，但这难道不是因为差错经常发生，而您却没有发现吗？您怎么知道这些差错不是每天都在发生呢？"

这是一个完美的逻辑推理。只要认同了前提条件，很少有客户会不认同最后的结论，他们会对此留下深刻印象，并且不得不承认你接下来的每一个主张。

第二步

当他意识到自己可能每天都在不经意间亏钱之后，接下来你要向他说明造成这种损失的几个原因，以及你的收银机如何进行防范，等等。随后，让他算一算每天会损失多少钱，每年累积起来会损失多少钱，结果会令他大吃一惊。他会发现自己损失的钱已经足够买下一台收银机了。

第三步

在前两步的基础上，第三步就是说服客户立刻购买一台你的收银机。如果某种东西每天都能帮他赚到钱，那么他买得越早，就赚钱越多，买得越晚，就亏损越多。这是一个自然而然的结论。

你必须要让他明白，不仅从长远来看，收银机是会收回成本的，而且从他使用它的那一刻起，它就开始在回本了。收银机每月所避免的损失，足够偿还其自身的分期付款。客户经常会拒绝说，他要先支出一些其他的费用，暂时还买不起收银机。但只要他完全明白了上面那些道理，他就不会拒绝。你要向他强调这样一个事实，即买一件能收回成本的东西根本不是支出项，他一定买得起这件东西，且一天也不能没有它。付出就有回报。坚持这一观点，并不断强调。

第七章
销售后期：完成签单——以收银机公司为例

签单前的准备工作

现在我们来到了销售工作的最后一步，它将检验销售员之前的努力是否会以签单的形式结出硕果。

在接近客户并技巧性地进行产品演示后，完成销售的关键时刻到来了。

准备好表格

销售员在向潜在客户递交订单表格的时候，需要有良好的判断和得体的表现。如果选择在客户心情好的时候递过去表格，他会毫不犹豫地签单。聪明的销售员知道什么时机是合适的，并会及时拿出订单表格。要尽可能提前填好表格，这样就不会耽误客户签单了。

保持注意力

在客户准备签单的时候，销售员要随时留意他的态度。当销售员说尽所有他能想到的理由、完成所有准备工作之后，或是在演示中暂停时，他都要随时观察客户的反应。但是，销售员不该急于得到客户的签名，表现得像要陷害他一样。

不要说太多

一般来说，客户意识不到他应该要签单了，因而，除非他表示出了明确的购买意愿，销售员最好继续进行演示和说服，即使这远远超过了原计划的时长。很多销售员常常忽视这一点。

通常，很少有客户会直接说"给我一张订单"。当你认为时机成熟的时候，不妨就拿出你的订单，说："布兰克先生，您喜欢哪种饰面的收银机？这种是金色的，我们还有镍色和黑古铜色的。看，您需要在这里填上您想要的饰面种类。把订单翻过来，后面可以选择铭牌类型。我们会在这台收银机上装饰铭牌。可以给我一张印有您名字的名片吗？"这样一来，他就明白到了要签单的时候了。如果他没有异议的话，你就可以毫不犹豫地继续填写订单。如果有必要的话，拿出你的笔，放到他手里，跟他说"在这里签字"。

要避免给客户留下这样的印象，就是你试图强买强卖。要以一种温和而实际的方式引导他签字。如果他拒绝，你就要立刻抛下订单，重新摆事实、讲道理。投其所好，让他知道你说的都是事实，然后再次拿出订单。如果他又一次拒绝，那么你就换一种说法，从另一个角度引起他的兴趣，然后再次拿出订单。如此反复，直到你完成这次销售。

把订单递给客户之后的这段时间，通常是销售员最煎熬的时刻。要抓住每一个机会让客户签单，但不要生硬地要求他签单。当他准备离开的时候，向他要一个付款通知书抬头，以便获取详细的地址等信息。这样你就完成了签单。

不接受口头协议

不要接受口头协议，因为客户在使用口头协议的时候，一般是想拒绝签单的。你要向他说明，订单不只是一个购买约定，而且能把升级、维修等售后服务的内容确定下来。要提醒他口头协议不够正式。

如果客户由于订单本身的形式而拒绝签字，那么你得向他说明，这是为了遵守国家法律。万一买方在完成付款之前出现了变数，订单上的条款会防止卖方遭受损失。这只是普通的商业风险预防措施，诚实守信的人不会对此反感，因为它对卖方同样有约束力。

要确保客户在签字时完全熟悉了订单的内容。一种方法是把订单内容从头到尾读给他听，并向他强调订单是不能取消的。用这样的措施让客户明白，他一旦签了协议，就不能再反悔了。你不应该把时间浪费在那些反复无常的订单上。

签单时的注意事项

需要记住的几点建议

记住，你向客户介绍收银机的目的是想得到这个订单。销售员做的事、说的话要能达到这个目的才行。下面的建议对新人来说可能会有帮助。

（1）不要让客户把注意力放在你的自我介绍上，而要努力让他把注意力放在收银机上。要做到这一点，你必须忘记你自己。

（2）你要让客户对收银机以及收银机将为他带来的利益充满兴趣，否则他不会购买。你要一开始就引起他的兴趣，并在演示结束前保持和增强这种兴趣。你要一边说一边仔细观察他的反应，但要避免长时间的停顿。

（3）销售员要想激发和保持客户对收银机的兴趣，就要先让自己对收银机充满兴趣。不管销售员重复了多少遍相同的产品介绍，他都不能心不在焉，不能以单调乏味的方式平铺直叙，使产品介绍变成陈词滥调。始终把收银机的原理和构造当成新鲜的、绝妙的内容讲给客户听。要让每一次产品演示都生动而有趣。只有真正热爱工作、总是努力拼搏的人才能做到这一点。

（4）展示收银机，不要口说无凭。展示收银机，不要显摆你自己。

（5）要确保客户弄清楚了你所演示的每一项内容，只有这样，你才能引起他的持续关注。因此，你不能草率行事，而要把每一项内容当成你唯一的依靠，尽可能让它们具备说服力和严肃性。

（6）永远不要轻视演示中的任何一项内容，或是想当然地认为它对客户毫无价值。你不可能事先就知道什么会引起客户的注意力和购买欲。

（7）懂得适可而止。没有必要为了让客户购买产品而重复之前所有的内容。他可能随时会下单，而你要能识别这一刻何时到来。为此，你要观察他的表情和动作，斟酌他说的话，然后在合适的时机拿出空白的订单表格。

（8）不时停下来，明确而透彻地回答客户所有的问题和咨询。只有当他明白了你说的每一句话、做的每一个演示，你才能继续下去。

（9）能够随时中断演示和客户交谈，然后毫不迟疑地继续演示。但不要显得过于匆忙。

（10）永远别让客户引导话题的方向，而是要不断激起他的兴趣，确保他全神贯注。

（11）聪明机智，公正客观。

（12）尽可能地赞美他的商店或经营方法。如无必要，不要贬损。

（13）不要贬低或攻击其他销售员。如有必要，要很有礼貌地提及他们，无论他们是怎么说你的。

（14）不要让客户认为收银机很复杂、很难操作。如果他流露出一丁点儿这样的意思，请立即告诉他，收银机简单到一个孩子都能操作。

需要避免的几种错误

优秀的销售员应该积极了解其他销售员的做法，然后取其精华，去其糟粕。我们对不同销售员在演示收银机过程中所采用的方法进行了调查研究，发现了以下这些错误，现在把这些错误列出来，供大家学习。

（1）语速过快会导致客户没有时间去理解你所说的话。

（2）有些销售员总是急于从一个演示环节跳到另一个演示环节，其实，在每个环节完成后稍微暂停一下，会收到更好的效果。

（3）有些销售员的演示很难引起客户的注意力并保持其兴趣。产品演示犹如一个故事，这个故事要越来越有趣才行。如果客户走神了，销售员就要直接用提问的方式拉回他的注意力，例如可以问他："布兰克先生，您完全清楚了吗？""您明白了吗？""这很简单，不是吗？"

（4）有些销售员在说话时没有突出重点，结果使得自己的演示变得索然无味。适时的强调可以使客户对那些重要事项印象深刻。要做到这一点，可以放慢说话速度，采用合适的语调，适时停顿，或是倾身朝向客户。

（5）结束演示后停顿太长，好像不知道下面该说什么似的。这样的间歇是要不得的，销售员应该向客户提问，或概括演示的重点，或补充介绍一些内容，然后继续下去。

（6）没有尽可能地向客户强调收银机操作简便，一点儿也不复杂。虽然客户嘴上不说，但他们通常认为收银机很复杂、很难操作。

（7）在介绍某个产品零部件的时候，有些销售员虽然引述了产品手册上的内容，但没有把这个零部件指出来并操作给客户看。正确的演示方法是指出这一零部件，操作运行，然后再进行描述。

（8）有些销售员丝毫没有意识到自己错过了合适的签单时机，即使客户那时候已经做好了购买的准备，并在问他诸如"你推荐哪台收银机""我想那一台适合我""你们有哪些优惠条款"之类的问题。

完成签单的环节对销售员而言是一个重要的考验。坚定、热情、乐观的年轻人虽然能在之前的所有环节让客户满意，但最终环节往往会失败——于是什么也没卖出去。

善于结束销售是一种特殊的销售能力。有九成的销售员能够很好地阐述产品的优点、回应客户的拒绝、引起客户的兴趣，但只有一成的销售员具备结束销售的能力，他们能够意识到最佳结束时机的到来，并立即抓住这个机会。

只是成功地引起客户的兴趣，并不会给销售员及其代表的公司带来收益。销售员必须要掌控客户。他要懂得如何让客户的兴趣和信任变成收益——他要懂得如何把它们变现成订单，也就是说他要懂得如何完成销售。

销售员侃侃而谈，客户凝神聆听。他们就像在玩一个无止境的追拍游戏，销售员总是在追，客户总是在逃，但是当销售员把客户围在一个角落并且把标签贴在他身上时，他们却没有为客户准备任何专业方案。他们盲目地寻找一个个能说服客户的要点，却通常会在这上面摔个跟头，导致新的争论，因而耽误了结束的时机。

如果不是他们完成销售的策略出了问题，那就是他们试图结束销售的时机不成熟。由于没能把握好时机，他们总是错过那个时间点，然后继续东拉西扯，直到客户先前被激起的兴趣消失殆尽。

新手销售员应该避免以上这些错误，接受专业的训练，并将其很好地应用于实践。

学会适时结束

找准时机

销售员必须培养出一种敏锐的直觉，以发现最好的结束销售的时机。销售员在努力展示产品的某个特点时，要时刻留意客户的态度，因为他的任何一点情绪变化都可能是在提醒你：你讲得太多了，他已经了解得差不多了。这时候，你就不要再讲更多的细节了，而是要对之前涉及的所有要点做一个归纳。如果你坚持要讲那些不必要的细节，继续证明那些客户已经认同的结论，就会错过结束销售的机会，而且让客户厌烦。

同样地，如果结束销售的时机不成熟，销售员就不要强行结束，否则会适得其反。比如，他在尚未对客户的一两个反对意见做出回应时，就试图对所有的要点进行归纳，或者在尚未完全得到客户的信任之前，就已经进行了总结。这就好比在法庭还没有审核案件的所有证据之时，律师就向陪审团做了总结陈辞一样。

谨慎的销售员不会在不成熟的时机结束销售。他会在给出最终结论之前，耐心地扫除一切障碍。但当机会真正来临时，他又会迅速出手，很快转变策略，变"正面进攻"为"侧翼包抄"。

总结陈词

在结束销售环节，销售员需要对之前已经阐明的所有的产品优势做一下总结。在此之前，销售员可能已经通过各种方式对产品的功能、效益、实用性、便利性等问题进行了逐一说明。在抱有偏见的客户看来，最适合他的产品也许不是最经济实惠的，而最经济实惠的产品也许不能让他获利。因此，结束语的目的就是消除这样的偏见，使得之前提及的所有要点连贯起来，使它们成为一个整体。客户所认同的每一个结论都能促使销售的完成，它们就像缆绳里的每一根线一样，单独的一根线根本无法承受重量，但互相扭结在一起就能变得非常坚韧；它们也像汇成一条河的无数溪流一样，没有一条溪流能够推动笨重的水车，但当它们汇集在一起时，就形成了一条力量足够强大的河流，能让水车转动起来。

有时候，销售员的友善性格有助于他完成销售，但他不能每一次都依赖这一点，因为并不是所有的客户都喜欢这种性格。因此，销售员需要有一套系统的方法以备不时之需，而且要仔细研究这套方法的构成。

在谈话过程中，销售员一定要给客户留下良好的印象，也要弄清楚客户是否有一些隐而未发的看法，如果有的话，这些看法是正面的还是负面的。在结束销售之前，他要弄清楚客户对这次销售的所有感受，包括偏见、怀疑、异议等。只有消除了这些障碍，他才可以试着结束销售。

在大多数情况下，客户在销售员来访之前就对产品有所了解了。开始谈话没多久，客户就已经多多少少认同了产品的某些优势，这样一来，销售员就无需在这些方面再做论证。但是，他在结束销售的时候却必须提及它们，因为这样一来，那些对销售有利的先入之见就会增强销售员的说服力。

回顾认同

在结束销售时，销售员应该重审那些客户已经表示认同的观点，以此来表明客户的认同是完全出于自愿的。

例如，琼斯花了些时间来说服客户，试图让他相信自己的产品的价格并非不可理喻，但最终客户只是回答他说："好吧，也许你是对的。你的产品的价格是合理的，我不打算争论这一点。"之后，琼斯继续就此进行了说服，试图减轻客户心中的怀疑。到结束的时候，他以这种方式提及了客户勉强认同的这一点："布兰克先生，您已经同意了我的看法，我们的价格在合理性上无可争辩。"这显然比以下说法要好得多，也更有说服力："布兰克先生，我已经答复了您对于我们价格的异议，而且您已经承诺，不会再就价格的合理性问题进行争论。"

运用默许

在谈话过程中，客户会对销售员的某些说法表示默认，虽然他没有明确表达出来。销售员应该利用这一点，更好地结束销售。

例如，琼斯为了使客户相信自己正在售卖的衣服经久耐穿而与之展开了争论。如果他很直接地表达这一观点，可能会招来客户的反对（假设客户对价格和其他方面没有多少意见）。如果销售员直接说"布兰克先生，您穿这种档次的衣服难道不是合乎情理的吗"或者"您看，这种质量的衣服绝对是经久耐穿的"之类的话，显然会引起客户的不满。但如果他说"综合考虑的话，我们的产品简直物超所值（围绕着"价格"这一主题展开论证），而且它非常结实，可以穿很长时间"之类的话，就不会引起客户的反感。在其他要点（客户对价格等因素没有异议）的掩盖下，销售员成功地使客户相信了这种衣服是经久耐穿的，但又没有引起争论。

停止争论

很多人习惯对销售员提出的每一个观点都表示怀疑，仅仅因为他们天性顽固且喜欢争论。销售员要避免纵容他们以此为乐。但这并不表示他不需要花一些时间，来努力解答那些客户提出的合理疑问。只有他没有了任何疑问，你才有可能卖东西给他，否则他永远不会满意。这一点很重要。不过，阻止客户提出不合理的异议或是陷入不必要的争论也很重要。

为了做到这一点，上文提到的"运用默许"的方法往往很有效，这就像招待不受欢迎的客人时那些礼貌的鞠躬和手势一样，看上去仅仅是顺其自然的引领。

当然，以上这些都只是结束销售时的准备工作。当危机真正来临时，销售员还必须聚焦于客户之前所获得的信息，就此重新展开论述，就像用凸透镜聚焦太阳光一样，以此来集中热量。

列举优点

在结束销售时，销售员应该列举客户之前已经认同的所有的产品优点。这样可以避免已获论证的观点被推翻重来，否则销售员容易东拉西扯、废话连篇。

确保客户清楚产品的所有优点，并设法总结他的所有认同，这样就能环环相扣，使得整个销售在统一性和完整性上显得强大有力。如果你的总结全面而有力，就会让他对交易的好处形成不可抗拒的鲜明印象，而且在大多数情况下，你会赢得他毫不犹豫的认同。

推动签单

说服客户也许要花上十分钟甚至十个月的时间，但结束销售却只需要几分钟甚至几秒钟，因而，销售员在这一环节所应具备的能力，显然跟产品演示环节大为不同。有些人天生具备这样的能力，有些人通过培训可以获得这样的能力，但很多人似乎根本就不可能拥有这种能力。

如果把典型的销售案例摊开来研究，我们就能得出一个规律，它接近于一种物理理论：当事物达到临界点时，只需轻轻一推就足以让它永远运行下去。从技术上来说，即使销售员没有进行结束工作，只要能够推动订单的最终完成，也算是一次完整的销售。耐心地阐述事实、介绍产品当然是非常必要的，但结束销售往往也需要推力。这时候，说理就派不上用场了。

在客户后面"推一把"

结束销售比接近客户更加需要技巧，因为后者在某种程度上只关乎销售员是否友善、直率和热情的问题，而前者则意味着客户需要掏钱，而且通常是一大笔钱，这需要更强有力的说服才行。

那些不能很好地完成最终环节的销售员，通常是因为不知道何时要"推客户一把"。"推一把"的时机在每一次销售中都有所不同，资深的销售员会以不同的方式抓住它。他们有的关注客户的谈话，有的关注客户的眼神，有的依靠很准的第六感。讲解员类型的销售员根本不知道，他可能已经成功说服了客户，但却因为随后的滔滔不绝而使得客户意兴阑珊，他可能已经激起了客户的购买欲，但随后又让客户在给出最终答复之前再考虑一个晚上。

机不可失

让客户感到"机不可失，时不再来"，这是结束销售的好方法之一。

下面是一个真实的例子。一位销售员在升任电力公司总裁时，公司的年销售额只有几千美元。面对财力雄厚的竞争者，他只用了两年的时间，就通过自己的销售能力，把公司业务提升到了二十五万美元的规模。

他的原则是，完成销售之后，立刻乘坐第一班火车离开交易地点。如果在未来几个小时之内都没有合适的列车，他就会找借口取消交易。

他说："订单达成后，我会在交易地点停留一会儿，因为客户可能会想删除或修改部分内容，或是我还有一些工作没完成。只要客户对签单没有异议，也没有试图从我这里压榨额外的好处，我就觉得挺好。客户签单后，你就可以消失了。"

当然，这种方法也并不是总能奏效，还是要灵活运用才行。有时候，极力劝客户珍惜购买机会并不能结束销售，而让他在两三个不同的机会中做出选择，则能结束销售。对那些多疑的客户来说，这是一种特别具有说服力的方法。

顺其自然

在有些情况下，销售员在结束销售时必须顺其自然。销售员要使用柔和一点儿的方法，而不要显得太生硬。例如，美国中西部的一家主流报社开办了一家专门培训征订员的学校。征订员们被灌输了老式的图书销售技巧，通过死记硬背来学习说理、论证。这些技巧并不新鲜，新鲜的是下面这种"推一把"的方法：当需要客户签字的时候，销售员就拿出铅笔，假装不小心把铅笔掉在地上，等说服结束后，再弯腰把铅笔捡起来，自然而然地递到客户手里。十次里就有六次，客户会直接签字。

在某个时刻，销售员可以假设客户已经完成了签单，并基于这一假设来跟客户对话。比如，销售员不再详细讨论销售话题，而是像交易已经完成了一样说话，并且很快就询问客户需要何种送货方式，等等。这种方法也能非常有效地结束销售。

关键时刻

销售的全部技巧最终要落实到"签单"两个字上。也许你的接近方式很完美，产品演示也做得很好，但如果你不能以无可辩驳的结束语来完成签单，你的努力就毫无意义。

充分调查客户商店里所使用的收银系统会对你很有帮助。你已经向他展示过你的收银机是如何完美，现在你可以指出他的收银系统的不足，并说明你的收银机可以如何克服这些不足。条理清晰地进行论证，让客户牢牢记住这些重点，并就这些重点形成最具说服力的结束语。通过这种方式，你相当于对整个产品演示进行了总结，而他无疑已经准备好签单了。

如果他还在使用现金交易，那就尽量把话题集中在开放式收银机这一话题上，因为这是最具说服力的结束语。

演示时，要始终直视客户的眼睛，留意他的表情，从中判断你是否说到了一个有效的论点。尽可能让他认同这样一个观点，即你所演示的每一步都能帮他阻止一定额的损失。把这个数额记录下来，这样等到演示结束的时候，你就可以向他指出，你的收银机帮他赚到的钱跟他花在收银机上的钱是一样的，甚至还更多一些。

最终签单

客户签单的时候到了，请准备好订单。如果你不确定他会买哪一款收银机，可以提前填好两三份表格。这样你就可以随时递出正确的订单给客户签字，可能只要添加几句话就行了。

客户准备签字的时刻非常关键。销售员只有不断积累经验，才能准确判断出这一时刻，只有优秀的销售员才知道何时该递上订单。你可以对客户说："您看一下收银机的订单。您喜欢什么型号的？可否给我一张名片或告诉我您名字的首字母？我们可以为您制作铭牌。"诸如此类的语言会将话题引向签单环节，这时你可以递上一支笔要求他签名。客户在签单前经常会多次搁笔沉思，但经验丰富的销售员知道，当他签完字后，会大松一口气，很高兴一切都结束了，并询问多久之后可以收到收银机。

第三部分

团队篇

第八章
旅行销售员的机遇与挑战

旅行销售员的前世今生

了解一点儿关于旅行销售员的历史很有必要，但早期的旅行推销史资料极少，非常珍贵。

在几乎所有的相关文献中都能看到这样的论述：旅行推销员是近代的产物。这种说法可能是真的，但并不是全部的事实，我在这里要做更多的回顾。

这里不得不提到著名的阿拉伯民间故事集《一千零一夜》，它比现在那些讲述过去一代年轻人故事的书籍精彩多了。尽管日益发展的流行文学似乎削弱了这部故事集的魅力，但它依然非常流行，而且各种版本也在不断加印。它的大多数故事是以商品贸易为主线的，商人形象显然忠实反映了当时人民的生活。用"东方通"乔纳森·司各特教授的话来说："《一千零一夜》的重要地位无须详述，书中的故事在所在国家以当地语言广为流传，展现了东方观念、习俗和行为的真实情景。"

一位英国作家说道："无论如何，销售员出行是出于商业目的。"即使那些自认为不是旅行销售员的人，想必也会承认这一点。旅行销售员并不随身携带他所销售的货物，他们通常不会带很多样品。而东方的商人则习惯于在货物得到认可后，承诺下一次带来更多货物，或者委托可靠的第三方给买家运去货物。这些买家会进行预订，并允诺如果卖方提供的货物跟样品一样，货物一到便会立即付款。"旅行销售员"这个名称不只是其字面含义，还说明了这些交易的实质：出于商业目的。

古代的旅行销售员

对于那些希望维护商人尊严的人来说，《一千零一夜》里的故事非常振奋人心，因为它们记载了人们对贵重商品供应商的尊重。

可能有人会说："这些商人并非真正的旅行销售员，因为他们是直接跟自买自用的客户打交道的。"这里我想说的是，其一，这种现象并不普遍。读者若是深究就会发现，旅行销售员并不是只和客户打交道，两个旅行销售员之间也存在商业交易，他们一个是卖家，另一个是买家。其二，如今的销售员也希望得到来自客户的订单，且能与他们保持经常性交易。以红酒商和汽水生产商为例，他们都需要游说零售商和那些比普通客户购买力更强的富人来购买自己的商品。但他们通常也被视为旅行销售员，因为他们作为公司的销售代表需要经常出差。

现代的旅行销售员

可以这么说，尽管古代的东方商人的销售行为有点旅行销售的意思，但现代旅行销售却并非由此发展而来。现代旅行销售是由不断增加的贸易量和不断升级的交通设备催生出来的，比如旅行方式的改善可以使销售员在更短的时间内去往更远的地方，而货运速度的提升，也避免了客户二次转卖以获取差额利益。

英国各地的农民认为铁路运费太贵，使他们无法将农产品运往大城市，而他们在当地以平常售价就能吸引到相当可观的买家。如果你以每磅（1磅≈453.59g）0.25便士的成本种植一种水果，而这种水果在距你最近的大城镇的售价为每磅0.75便士，且需求量巨大，那么，你就不会考虑将其运往远处，因为运往远处的运费要超过0.5便士，这对你是不利的。

只要买家和卖家可以面对面交易，且买家愿意一次性付清货款，并愿意自行安排运送事宜，商业交易中就不存在旅行销售的问题。但跟今天不同的是，在过去，买家还不能一下子筹集一定数目的钱，而赊账还不常见。如果一个买家未付钱就拿走了商品，卖家又能怎样呢？

在这种情况下，卖家通常需要付出很大的代价去找到买家并追回货款，而这代价往往高于商品的价值。卖家甚至需要花上数周或数月时间来追债，而且他还不会派其他人去，因为这又是一笔额外的开销。更不要说早期旅行销售员所面临的风险了，他们也许会在异地接受有失公平的审判，这是去往陌生的地方追债时常常会遇到的问题。

大部分商人不会派人运货到很远的地方，因为运输成本和人力成本都很高。有些商人偶尔会派人去远方，但这并非常态。人们通常在距离自己最近的贸易中心或集市购买商品，以满足自己的日常需求。在旅行销售的过程中，走碎石子铺就的道路和走舒适便捷的公路是有很大差别的。英国旅行销售员必须铭记麦克亚当，他在1815年被任命为布里斯托尔道路检测员，是他实施了《道路改良方案》。道路经过改良之后，旅行销售员就不再驾驶马车而是坐汽车了。新交通工具的推广使得销售员可以携带更多的样品去推销。以布料（干物）旅行销售员为例，如果他驾着马车，就只能带很少的样品，他的销售业绩也会受到极大的限制。

运输方式的改善降低了货物的运输成本，因此批发商和生产商可以扩大交易规模和范围，并从中获利。他们从旅行销售中脱身，逐渐建立了如今全球通用的、以销售代表为主的、有组织地筹集资金和谋求订单的销售系统。

有人说"旅行销售员"这一名称在十八世纪之前并不存在。这句话大体上正确，但并非完全正确。研究在那之前的一些大型公司的交易活动就会发现，他们会经常雇人来销售产品。从这种意义上来说，这一称呼早就存在了，但直到十九世纪初才普及开来。从那时候起，那些无序的销售系统也渐渐变得有章可循。随着产量的增加、运输设备的改善，他们的产品可以销往更遥远的地方。

接下来，一些关于仓储和继续扩大商业往来的管理办法就自然而然地出台了。商人发现雇用专职的旅行销售员会降低自己的收益，因此，他们希望跟其他商人共享自己的销售渠道。在绝大多数时候，他们相信自己所雇用的销售员，而这些员工也可以为其他老板所用。这样一来，他们就能够完全掌控自己所雇用的员工，此外还能通过销售别人的产品而有所收益。从此，旅行销售员逐渐淡出了人们的视野。

英国旅行销售员的挑战

随着铁路运输的发展，十九世纪后半叶，英国旅行销售员的角色经历了很多变化，而此时美国的旅行销售员也迅速成长起来。南北战争之后，美国制造业有了飞速发展，这也极大地推动了旅行销售员的产生，旅行销售员成为美国的一支积极的力量。美国销售员从未被视为社会的底层人，而是被视为在国家经济发展中起到重要作用的群体。

制造业和运输业的发展也必然伴随着不断增强的商业竞争。

大西洋两岸的贸易竞争已然非常激烈。英国的旅行销售员常常怨气冲天，他们希望自己的雇主可以亲自体验一番，了解一下现在的商业竞争有多么激烈。

一位英国作家说："必须铭记，来自外国的商业竞争是对现代销售员的业绩产生不利影响的一个重要因素，因为它减少了我们的商业利润。"其结果就是，英国批发商和生产商只能采取薄利多销的方法，来抵消利润减少所带来的不利影响。也就是说，只有通过扩大生产、增加交易量，他们才能确保那些有偿付能力的各方订单不会流失。因此，具有良好信誉的商家往往具有更高的生产效率，同时，他们也会紧盯售价。可共享的经销渠道和更先进的交通运输工具使得客户可以从更远的地方买到商品，这也会导致利润率进一步降低。

可以毫不夸张地说，如果想以同样的商业规模赚取比父辈更多的财富，现在很多零售商所拥有的客户量必须翻倍才行。

利润率下降

整体来看，普通零售商和小型生产商的贸易额的增速比不上大型批发商的增速。因为出现了更多的分销商，所以贸易市场就被瓜分了。不幸的是，商人的利润率下降了，而花在运输、仓储和其他方面的资金却大幅度增加了。现在是买方市场，客户如果没有购买需求，就不会浪费时间听销售员的推销之辞。

在半个世纪以前或更晚一些的年代，还没有那么多商家注重商品专利权，他们还不懂得通过广告或其他方式来打造专卖品的名声。因此，那些想要贩售新玩意儿的旅行销售员，轻易就能做出业绩，他们总能发现一些还未被引进某个地区的新产品。大把的商机吸引了不少模仿者，他们开始大量生产并销售这种新产品。这使得为老东家打工的旅行销售员增加了一丝忧虑，因为商家会突然雇用大量新的销售员，这些新员工的业务能力甚至超过他们。

质量标准有所提升

如今，商品的质量标准相当统一，生产商依据这些标准尽力打磨自己的商品，而经销商则因竞争压力，在商品的选择上更加仔细。不过，在五六十年前，商品的质量就已经有所改善了，那时的零售商发现旅行销售员介绍给他们的产品，其质量远高于他们正在售卖的商品。因此，商家很欢迎销售员，对销售员心存感激，认为是他们帮自己满足了客户的需要，同时增加了销售额。但如今，一家公司的产品可能卖得比其他家的都好，但他们产品的质量却并没有高出对手的很多。一些公司由于产品质量较高，其产品售价也会比市场的平均价格高出 20% ~ 30%。其中一些公司为了赢得竞争而生产两种不同质量的产品，但每次只销售其中一种。这样做的结果是，时间一长，他们就不得不改善那种低价产品（也是低质量产品）的质量，以满足客户的需求，而高价产品渐渐被挤出市场。

但事实是，随着生产工艺的改进，生产商即使在生产低档产品的时候，也会使其质量配得上该产品的价格，且不输于那款高档产品。高档产品的质量可能比低档产品好那么一点点，但价格却高出很多。这是因为高档产品的价格，并没有依据其产品质量以和低档产品相同的比例下调，而与此同时，低档产品的质量却在不断提高，因此，低档产品（从质量上来说，已经不算是"低档产品"了）就会越来越受欢迎。

买家掌握的信息在增多

买家可以获得的资讯在不断增多，他们不再是对卖家言听计从的人了，如果卖家给出的报价不合理，他们是不会接受的。据一位作家的父亲说，邮票销售员们自信地高喊着"报出多高的价格，全看有多少勇气"的日子一去不复返了。大量证据进一步表明，批发商和生产商经常会对购买同一种商品的不同人群收取不同的费用。有一种盛行的观点认为，有些人可以比另一些人承担得起更高的价格，因此他们就得承担更高的价格。结果是，想要经营批发业务的商人，不管其生意规模多小，只要不是进行直接交易，就十分认可这一观点。一个生产商从 A 批发商那里接到生产委托时，会向其收取较少的佣金，但他向 B 批发商采购生产所需的原料时，通常会被索要更高的价格。有人为此辩解说，原料批发商（B 批发商）之所以向生产商索要高价，是因为生产商可以比成品批发商（A 批发商）获取更多的利润，而且生产商会不断从原料批发商手中购买原料。

合作贸易的冲击

合作贸易已经发展到荒谬的地步，批发商总是要求生产商不断压低价格。一个声称做批发生意的人给生产商写过一封信："请把这些商品以最低价格批发给我。"这封信很好地反映了合作贸易对产品价格的影响。当然，合作贸易对有些商家来说是有利的。比如，A 公司经常性地向 B 公司提交不低于十英镑的采购订单，如果 A 公司某次的订单金额低于十英镑，那么与那些平时跟 B 公司合作较少的公司相比，A 公司依然会享受到一贯的优惠价格。

不过在有些时候，这种差别对待是不存在的。一个零售商常年从一家公司采购商品，且采购数量大于批发商，但却没有享受到比批发商更优惠的采购价格，这是不合理的。但事实通常是这样的。

总之，交易中的卖方倾向于向那些较固定的、议价能力较强的买方许以更优惠的价格。这样一来，会有多少旅行销售员的前途受阻？又有多少商家能够弄清楚什么是真正的公平交易呢？

市场信息匮乏

还需要提醒的是，大概在二十世纪初，零售商和小型生产商远不如现在有文化。写作对他们大部分人来说是一种负担，一些人公开表明，他们宁愿多走几里路，也不愿写信。与此同时，他们没有获取市场信息的途径。那时候，"现金流"等概念还未普及，他们所使用的那些概念还不能更好地显示市场的变化。

如今，几乎每个行业都有与自己的业务相关的贸易期刊。而过去的贸易期刊，既不包含在今天看来属于最基本的商业知识，也并未达到今天的发行量。一个商人认为自己必须定期看一些期刊，才能了解市场行情和贸易的发展。现在的年轻销售员都非常自信，他们热衷于向大家普及他们认为重要的信息，他们的客户也会因此而心生感激。有人说："我可以自己做出判断，我看了贸易期刊就知道未来的价格走向了。"

即使是这样，人们依然很难接触到贸易知识，而且贸易期刊非常昂贵。以前的贸易期刊通常是一月一期，而如今大都是一周一期。不过，今天的贸易期刊内含太多的广告页，甚至比每月的贸易话题还重要。

客户反感推销

商人十分依赖销售员所提供的资讯，并对其心怀感激，如果他们偶尔错过了某些信息，就会感到非常茫然。笔者认识一位来自威尔逊的蜡烛商，他在没有咨询过一个一家大型蜡烛制造公司的销售员之时，是绝不会冒险购买羊脂的。这个销售员以其无私奉献和富有爱心的形象赢得了大家的尊重和喜爱。几年后，他不再从事旅行销售，而是坐在办公室里处理公司事务。这个蜡烛商发现，如果不咨询这位销售员，他就无法继续自己的事业。这样一来，蜡烛商和旅行销售员的身份发生了转换，变成蜡烛商定期去这位前销售员的办公室，向他请教购买羊脂的最佳时机。蜡烛商作为买家，却要向卖家寻求建议。蜡烛商宁愿支付这笔费用，也不愿去咨询这位前销售员的继任者，尽管这些继任者也会热心肠地提供信息给他，但却缺乏实战经验。

在今天，很多商人都很有必要向销售员咨询信息以做出正确的判断。但不幸的是，日益壮大的商人队伍里有太多这种自以为比客户懂得多的人，他们主动出击，不断地对客户说着废话，让客户感到厌烦。而他们却将这种过错全都推到了销售员身上。

人们很反感听一些毫无意义的废话，但如果是他们希望了解的事情，他们就会是另一种态度。现在，人们获取信息的途径非常多。那些冗长的话术，往往会招来客户的投诉。因此，公司老板总是会收到这样的来信："别让你的销售员再给我打电话了，我自己会去的。"或者："我不喜欢布兰克先生，他话太多了。"

人际关系不融洽

有些销售员确实不够老练，但在某些情况下，并不能总是责怪销售员。有时候，老板会指责销售员总是在家工作，一到发工资的日子，就立刻来领钱。一个老练的销售员懂得如何坚定地向老板讨要薪酬，而不会显得无礼。但是一个充满热情却缺乏智慧的销售员在讨要薪酬的时候，会让人感到恼火。

有时候，客户会投诉说销售员只要介绍商品就够了，不要总是强迫他购买东西。

在催要货款的时候，销售员也总是吃力不讨好。如果销售员卖出一件商品时，跟客户约定的付款期限是三个月，也就是说，客户应该在第三个月的月末结清货款，那么，销售员通常会在结算日后的几天内打电话催要货款（打电话催要货款是一种惯例而非法律义务）。这通常会让买家很烦恼，因为如果有支付能力的话，买家在结算日之前就已经结清了，如果没支付能力的话，买家就得想尽办法来还清这些赊账。一般来说，当一个账单快要到期时，客户就会及时支付相应的费用，不会恶意拖延。比如说，销售员在四月初的时候打电话给买家，要求买家为之前三个月所购买的商品支付货款，买家肯定不至于口头上说"我会直接汇款"，然后拖到五六月才付清。

账单总会到期的，虽说买家不会恶意拖欠货款，但销售员总免不了打电话催款，这使得销售员很难获得好人缘。

以上这些说的是英国旅行销售员的情况，销售学专业的学生应该好好了解一下上面的内容，不管你们将来从事什么工作。

美国旅行销售员的现状

下面我们来简单看一下美国旅行销售员的情况。

旅行销售员对美国的商业发展非常重要，他们现在来到地球的另一端（欧洲），为美国商品的出口谋求更广阔的市场。

美国步入商业社会的时间并不久远，但是，1898 年爆发的美西战争（美国为争夺西班牙属地而发动的战争）使美国人意识到了商业的重要性和美国商品进入世界市场的可能性。事实上，随着战争的爆发，美国的商品强制性地进入了西班牙，这一事件开阔了许多美国生产商的眼界，使他们将目光投向了大西洋彼岸那个更广阔的市场，而这一市场是他们以前忽略了的。

旅行销售员被形象地称为"侵占远方市场的公司荣誉代表"，他们还是生产商、批发商或零售商的事务代表。

生产商将产品卖给批发商，而批发商则负责分销。批发商雇用销售员分管特定区域，销售员再把产品卖给零售商，而零售商是销售的最后一个环节，他们负责将产品卖给客户。

今天的批发商有多种分销手段：第一，广告；第二，旅行销售；第三，邮件订单。其中，旅行销售和邮件订单有很大差异，但旅行销售和广告却联系紧密。

现代化的销售部门不仅要负责监管公司的销售团队，还需要配备广告部门。在广告的帮助下，商品得到了宣传，而旅行销售员通过与零售商直接接触，也大大拓展了公司业务。

大公司出于降低成本的考虑，会缩减旅行销售员的数量。但对于大多数生产商和批发商来说，旅行销售员依然是必不可少的。

两种旅行销售员

旅行销售员分为两种，普通的和特殊的。普通销售员受雇于一家或多家企业。大型的批发公司雇用普通销售员，把他们派往各个小城镇，和当地的一些公司建立合作关系，保持经常性的贸易往来。他们回访那些从他们公司购入多种产品的小零售店，或者那些不定期购买大量产品的零售店，而零售商也默许与固定的销售员保持联系。普通销售员会定期光顾这些城镇。

公司里的特殊推销员只负责特殊商品的销售业务，这些商品一般价值都很高，且随季节的改变而不断发生变化。通常只有最富冒险精神的零售商，才会在审慎考虑之后购入这些商品。他们会去大型分销市场，或对旅行销售员提供的样品进行仔细检查。零售商去批发市场下订单的日子一去不复返了，自从出现了旅行销售员，他们就无需这样做了。通常来说，一个特殊销售员可以在普通销售员未能卖出产品的地方卖出产品，因为特殊销售员的能力更胜一筹。很多干物都是经由特殊销售员卖出的。他们按照时节定期拜访自己的客户。他们开辟大型城镇的市场，只拜访拥有冒险精神的商人。他们的业绩只跟市场大小、商品种类和拜访的人数有关。

无论是总公司还是分公司都需要销售员。总公司的销售经理管理着公司所有的销售员，而分公司的区域经理只负责该地区业务。按照惯例，每个地区都会安排一个销售主管。销售主管的工作很重要，他必须具备良好的商业能力和敏锐的识人能力。他协助确定产品价格，因为他了解市场行情。

销售员直接或间接受到总公司的管控。为了更快地扩展业务，总公司还会在建有大型零售商店的地方建立分公司。

区域划分

对销售业务来说，首要的考量之一就是区域的划分，这也是公司规划的重要一环。正确的区域划分，恰好能够使一定数量的销售员以最快速和最经济的方式对零售商做定期回访。在划分旅行销售员的负责区域时，销售经理会考虑交通的便利性、潜在客户的数量以及可能的商品需求量。他预测一个区域可能的商品需求量，是为了决定是否需要往该区域派遣一名销售员。在经过深思熟虑之后，他会派出必要数量的销售员，给每位销售员分派一个区域，而他也会定期走访这些区域，看这份支出是否保证了公司的商业利益。

在某些业务领域，销售员会被销售经理派往特定的区域。这些销售员会先驻扎在一个城市，在熟悉了城市环境之后，便会开拓周边的乡镇市场，然后再继续开发周边的新市场。这是出版行业经常使用的方式，尤其是在图书销售行业，这一点更为突出。但是，出版商向零售商销售图书的时候，也会像其他生产商的常规做法一样，派遣销售员到指定区域，定期进行走访。

旅行销售的三种方法

在开拓自己所属区域的市场时，销售员通常会使用三种方法：常规旅行法、常规地区特殊旅行法以及分公司法。尽管第二种方法可以覆盖更多的地方，但第一种方法却是最常见的。而第三种方法只适用于那些在当地建有分公司和大型零售商店的大公司，因为销售员需要借此把商品带到客户那里。

销售员在离开公司之前，都会得到每个城镇的客户名单。他们会认真研究每个客户的位置，认真准备样品，并由不同部门的领导做好记录。在离开总公司之前，他们必须张贴出详细的行动方针。他们都有自己的一套做业务的方法。一个好的销售员从不唯命是从，良好的信誉和高尚的品德才是他赖以生存的宝贵优点。

销售员的职责不只是销售商品，还需要塑造和维护公司的信誉。即使已签约的订单传递到了信贷部门，销售员也可以根据自己对该订单的判断，为公司规避风险。此外，由于销售员非常熟悉该区域的贸易情况，所以他可以将有价值的信息呈报给自己所属的部门：需求量的变化、新开业的商店、竞争对手的情况以及众多对公司有益的重要情报。

销售员的薪酬

批发商为销售员支付薪酬的方式主要有三种：工资，佣金，工资加佣金。

以工资为报酬的销售员，通常以年为单位和雇主签订合同，并且必须将所有时间和精力投入工作当中。以佣金为报酬的销售员，只需要在一年中的一段时间里为公司工作。如果销售员全年的业绩超过了规定数额，公司会支付额外的奖励。

旅行销售员通常可以向公司报销差旅费，每个公司因为政策不同而有不同的做法，不过这些都是可以商量的。一般来说，销售员需要逐条记录他们的旅行支出。

老板给销售员涨工资，不是因为他一周加了四个小时班，而是因为他完成了工作任务。老板都知道让员工加班是要付出代价的：要么老板付给员工加班费，要么员工的工作效率降低。

出差费用问题

利润率和贸易性质不同的公司，对员工报销差旅费这一问题也会持不同的态度。有些公司要求销售员必须舒适出行，并住最好的酒店。市级公司的利润率往往很高，他们允许销售员自由规划出差支出，而且，销售员经常和政府官员打交道，他们需要好好招待这些官员。一些不需要全职销售员的公司，会以佣金的方式雇用兼职销售员。小型生产商和零售商就是通过雇用兼职销售员来销售商品的。但现在的趋势是，小型生产商正在将销售环节移交给批发商，而批发商会雇用全职销售员。不过，以佣金支付薪酬的方式却延续下来了，所以，有些全职销售员往往需要自掏腰包，支付销售过程中的花销。当销售规模扩大到一定程度时，老板也会以工资加佣金的方式向销售员支付报酬。这种方式无疑更能激励销售员，很多大型生产商和批发商都是采用这种方式来支付薪酬的。

销售员的甄选

每个公司都要仔细挑选自己的销售员，因为他们不仅代表着公司的形象，而且在很大程度上决定着公司的业务水平和规模。

销售员的个人能力与他们的个性息息相关。如果他们能够很好地运用自己的销售能力，恪尽职守，保持自尊且尊重他人，那么公司雇用他们就是值得的。

性格沉稳的销售员，他的能力和影响力会逐年提升。当他和客户熟识之后，就能了解他们的要求，满足他们的需求。他会成为商业圈里很有信誉的人，他的客户也会非常依赖他的建议。

但是如果销售员总是摇摆不定，对公司不忠，或者个性极强，他就极有可能给公司造成损失。他对别人缺乏兴趣这一点很快会出卖他，这将导致公司的销售额和诚信度下降。

销售员的管理

如今，大部分销售经理还是通过日常汇报制度来管理员工。很多公司要求每位销售员制作《销售员每日报告》，表格中应该说明每天打了几通电话、接待了谁、销售金额是多少、支出金额是多少以及其他的日常事项，这样销售经理就能确切了解销售员做了什么。

在总公司，不同区域的销售团队的每日动向通常会被标注在地图上，用各种颜色的大头钉钉住。销售员必须让公司了解自己未来一周甚至更久的行程安排，如此一来，公司就能随时通过邮件、电报和电话联系到他。

第九章
组建销售团队

销售团队的创建

每一个行业都有其自身的特殊性，不同的产品需要用不同的销售方法。在短短的一章里，我们不可能彻底而全面地探讨所有行业的销售方法。但总有些基础的销售方法是通用的，因为所有销售行为的基本要素几乎完全相同，只需要在不同的销售计划中做一些改变即可。

建立一支训练有素且效率极高的销售团队具有非常重要的意义——它适用于任何一个销售行业。

销售一种商品大致有四种方法：

第一种方法，生产商的销售代表直接把产品卖给消费者。这些或拿佣金或领薪酬的销售员由公司雇用和支付薪酬，公司的分部也是如此运作的。在这种情况下，公司需要大量的周转资金和产品库存，销售队伍则由公司直接管理，同行业的其他人无法获得公司的代理权。

第二种方法，生产商将产品卖给独家代理，再由代理商雇用的销售员把产品卖给消费者。这种方式有很多优点，但难度较大，因为代理商不得不包揽销售环节，而且需要建立一个高效的销售部门。在这种情况下，代理商辖下的销售员跟生产商联系不太紧密，因而他们不能很好地宣传产品，也不会给人留下深刻印象。这一点值得注意。最重要的是，要找到一条能将这些代理销售员和生产商联系在一起的纽带。

第三种方法，生产商将产品卖给批发商。毋庸置疑，这种方式是普遍适用的。批发商非常有必要和生产商建立亲密的关系。为了得到完全的、永久的代理权，批发商必须非常专业。

第四种方法，直接打广告，如通过产品目录进行销售等。这种销售方法不在我们的讨论范围内。

不管什么行业，也不管什么销售方法，最重要的就是建立一支训练有素且效率极高的销售队伍。其中，我们必须要考虑到以下几点：

（1）销售员的培训。

（2）销售经理的培训。

（3）建立合适的体制，以便考核销售员和销售经理：对于前者，要检验他们是否精通本职工作，是否完成了绩效指标，是否制定了合理的产品价格和合同条款，是否能让新老客户满意；对于后者，要考核他们是否能恰当地评价、管理和培训销售员，是否能在当前的价格和运营费用之下，保证有充足的业务量和足够的利润。

优秀的销售团队

令人无法理解的是，绝大多数现代公司在做广告和吸引公众注意方面花费了数万美元（所谓"创造需求"），但却没有好好培训他们必须要依靠的销售员，以便让他们了解产品的优点、论证的最佳方法和赢得订单的最可靠方式。

无知的销售经理深信"销售员是天生的"这样的陈词滥调，对销售员的培训不屑一顾。多么有害的想法！就算有些人天生比其他人更适合干销售，这样的人也是少数。然而不幸的是，生产商很难找到这些"天生的销售员"，只能依靠"普通人"来推销自己的产品。既然如此，就要对这些"普通人"进行严格的、科学的和系统化的培训，以使他们中的绝大多数人达到尽可能高的水平。

培训销售员的好处不只这些。如果管理得当，"销售演示会"等培训项目会在销售团队中营造一种健康的、积极向上的氛围。"一切以公司利益为重"的信念会激励他们奋勇向前，而机智老练的销售经理懂得如何将这种信念灌输给他们。记住，销售团队里那些死气沉沉、不够忠诚的销售员随时会影响盈利。如果销售部里有太多这样的销售员，那么它会是一支成本高而效率低的团队。这样一来，花费数万美元做的广告就打了水漂。

相反，一支训练有素、忠于职守、活力四射的销售团队是一家公司极具价值的资产之一。我在不同行业的亲身经验以及从其他公司得到的观察结果证明，即使是一支效率非常低的销售团队，也能经由系统的培训而达到以上要求。

约翰·H.帕特森是全国收银机公司俄亥俄州分公司的销售经理，他能力出众，而且很懂得培训的重要性。他用自己的才华培训出了可能是当代商业界最伟大和最有效率的销售团队。诸如布劳斯、赫利·霍尔·马文等生产商均向他学习，并获得了成功。其他非制造业企业也运用他的方法取得了成功。事实上，这一培训方法的基本原理适用于所有以产品营销为主的行业。

科学的销售培训体系

虽然每一个行业都有专门的销售员培训方法，但我们可以从中提炼出科学的销售培训体系的一般方法，以供大家参考。

这一体系包含两个最基本的方面：组织销售演示和成立培训部门。虽然事实上成立培训部门更加重要，但我还是把组织销售演示放在前面来说，因为成立培训部门十有八九是销售演示发展的必然结果。从逻辑上来说，这一培训体系是以这些销售演示会为开端的，因为培训部门所采用的点子，一定来自演示会上的讨论。此外，演示会还能为之后的培训项目预热，让销售员提前熟悉情况，使他们对接下来的方案不再有异议。而且，由于自己的意见经常被采纳，每位销售员都会感觉自己为培训部门的发展贡献了力量，如此一来，他们就会大力支持而不是激烈反对下一步的培训方案。如果销售经理以截然相反的方式处理这件事，在销售人员还没认同之前就强制推行培训方案，那么他的下场肯定很惨。

例行的销售演示会

演示会上产生的创意未必很详细，但它们的价值却不言而喻。

首先，要安排好演示会的时间，并长期坚持。销售经理一定要亲自到场，参与所有重要事项的讨论。可能的话，每隔一个月应有高管到场，这样能充分激发销售员的热情和活力。

其次，要记住一点，这些会议是为培训销售员而开的，目的是帮助他们克服困难，激发他们的兴趣和热情。要给他们机会，让他们对影响自身效率的困难"发发牢骚"，要听取他们的建议，从而进一步提高业务量。

《销售演示会计划》举例

（1）下达通知。执行人：销售经理。

（2）新产品的描述（包括它们适用的范围）。执行人：销售经理（需要销售员的建议和批评）。

（3）销售演示。演示人员：史密斯；客户扮演者：布朗；审查人：福勒和怀特。

①向事业有成且偏好高档产品的客户推销产品。

②向想买低价产品的客户推销高价产品或能带来更多盈利的产品。

③向客户推销二手产品。

④向想买二手产品的客户推销新产品。

⑤在允许的盈利范围内，通过以旧换新的方式向客户推销新产品。

⑥在激烈的竞争中向客户推销产品，演示中加入一名竞争对手。

以上场景任选其一。

注意：虽然要点相同，但具体的演示方法依然会随着环境的变化而变化。比如，当销售行为发生在本公司的办公室时，销售员可以用上库存产品和其他设备，但当销售行为发生在客户的办公室时，销售员就只能依靠口头解说、样品和产品目录了。

（4）先由约定的审查人福勒和怀特对演示进行评论，再由每一位销售员对演示发表评论。

（5）根据板书和个人销售业绩报表，对每位销售员的一周业绩进行讨论：为什么有些销售员没有完成销售任务？他们遇到了哪些困难？

（6）销售经理或某位资深销售员针对某一重要主题进行演讲，例如《关于客户的业务及其收银方法的调查》。

（7）讨论竞争对手的产品，讨论他们的推销要点以及如何驳斥这些要点，讨论他们产品的缺陷以及如何证实这些缺陷。

（8）建议和意见。

（9）讨论广告等常规事项。

销售团队的激励

激发销售员的兴趣

请记住，销售培训的主要目的不仅是培训销售员的技能，还要激发他们的兴趣和热情。

在销售演示的过程中，销售经理可以采取很多措施来激发销售员对公司事务的兴趣。组织一场针对新产品或新设计的毫无保留的讨论，通常能预防一些严重的错误，也能获得新的销售创意，使产品更加畅销。

销售演示中肯定会存在很多意外状况。每位与会者都要认真记录审查人的意见，也要听取每位销售员对其他人所做的演示的评论。如果销售经理把控得当的话，与会的每位销售员都将精神饱满、情绪稳定，不会因为别人的批评而气恼。客户的扮演者可以从销售团队里挑选，他不能以任何直接或间接的方式帮助正在演示的销售员，而且要像真的客户一样，提出自己对产品的看法和意见。

对于业务种类繁多且产品的市场占有率很高的企业来说，销售员在销售演示中需要谈及公司的业务系统，因而，销售经理应该精心挑选客户的扮演者和具有代表性的业务，以便在短时间的演示过程中能覆盖全部的业务种类，并完整展示针对每一条业务线的具体推销方法。演示会开始之前，所有人都要彻底弄清每种业务的特点以及自己可能遇到的状况。通常来说，曾在商业实践中遇到过难题的销售员，会主动要求来进行情景设置并扮演客户的角色，希望难住一名优秀的销售员，或从他那里得到一些好点子。

销售员要特别留意如何才能说服客户购买价格更高、利润空间更大的产品，因为在销售成本相等或几乎相等的情况下，这种方法会带来更高的利润率，对销售员非常有利。现代企业就非常注重这一点，并开发出了一整套行之有效的科学销售方法。这些方法同样适用于以"以旧换新"的销售方式为主的企业。但这些方法也常常令人捉摸不透，如果理解得不透彻的话，反倒会造成很多损失。

激发竞争意识

扮演竞争对手的销售员所做的推介，肯定会引起大家强烈的兴趣，因为他的演示不但非常具有启发性，而且能激发销售员对自身产品的信心。

销售经理可以组织两场演示，分别由销售老手和销售新手主持。这很重要，因为这不但能让销售新手有所收获，而且能鞭策销售老手不断进步。注意，销售演示不应该马马虎虎、敷衍了事。每次演示都必须像真实的交易那样正式和严肃，只有这样，销售员才能展现出接近客户或介绍产品的最佳方式。

没有比这更好的增强销售员自信的方法了。随着几次三番地在同事和上司面前亮相，销售员很快就会自信满满，紧张的情绪也将不复存在。这种方法能迅速打破销售员的发展瓶颈，让他不会被组织淘汰。

经验证明，销售经理或资深销售员关于销售方法的主题演讲对销售新手大有裨益。速记员应该记录下这些要点，因为它们对之后的培训工作非常有价值。

以下是某公司演示会记录的一个片段，从中我们可以看出与会者的讨论深度。

关于竞争产品的讨论——对这部分内容再怎么强调都不为过。不断满足市场需求，不断提高产品质量，尽量保持公司的领先地位，没有比这更重要的了。没有人比销售员更了解市场的需要和竞争的态势。为了从销售员那里得到建议，我们要有一套系统化的收集建议的方法。抱怨也是有用的。要听取合理的抱怨，一旦找到问题的原因，就要迅速采取措施予以解决。如今，很多公司都闭目塞听，看不见缺陷，听不见意见，而它们却长期潜伏在公司及其业务之中。

我发现，记录下类似这样的讨论细节，并把它们复印足够多份，分发给全国各地的销售经理，会很有意义。

销售经理要尽责地仔细通读这些会议记录，逐一点评，然后写信给每一位区域经理（在每个案例中提及销售员的名字）。这对销售经理和销售员都非常有益。

演示会的质量能够很好地展现各地区销售员的素质，这有助于销售经理对遍布各个销售环节的销售员进行最清晰的分类。再次强调，要迫使销售员展现出自身的最佳水准，告诉他们即使身在千里之外，销售经理仍会亲自审查他们的工作内容。通过这一简单的方法，销售经理的影响力和权威就会贯穿于整个销售过程之中。

销售团队的培训

成立培训部门

尽管演示会可以让人学到很多东西，但销售员的进阶之路依然非常缓慢。演示会并不能给销售员的能力提升带来持久的影响。我想说的是，只有从新手入行时起就持续关注其成长，才能使其从职业培训中获益良多。

经验表明，快速培养销售员的最好方法就是建立一个强大的培训部门。该部门应该凌驾于所有区域经理之上，由销售经理直接负责，成为他最好的助力。区域经理要在该部门接受完整的培训，以弥补自己的短板，销售员更在这里接受培训。

这里要特别说一下从事出口贸易的销售代表。有些公司会为这些员工在国外设立培训部门，但我认为，在国内对他们进行培训可能效果更好。他们在国内不仅能学到最完整的销售技能，还会潜移默化地受到销售主管和资深销售员的影响。

任命指导员

首先就是要寻找一名合适的指导员，这通常也是最难的一步。这个职位需要一个销售经验丰富，精于世故，受人尊敬，颇具耐心和教学能力的人。只有非常优秀的人才能胜任这份工作，起用没能力的人是最大的错误。

指导员的首要工作就是为销售员准备一份包括以下内容的手册：

（1）一般销售的要点。

（2）彻底、仔细地说明每一款产品及其对不同行业的适用情况。

（3）详尽地解释每一款产品的销售要点或销售论点。

（4）分析竞争对手的产品，与自己的产品进行比较。

（5）科学、严谨地分析最好的销售方法，以引起客户的关注和兴趣。这就是"接近客户"环节。

（6）找到陈述销售要点的最佳方式，从而制造机会，向客户演示产品的优点。这就是"产品演示"环节。

（7）总结最佳结束语，探讨"完成签单"的不同方式。

（8）以清单的方式，列举出最常见的客户的拒购理由以及回应这些拒绝的方法。熟悉了这份清单之后，很多销售员会惊讶于把这些理由分门别类是如此简单，而销售经理也会惊讶于全国各地的销售员和销售经理对这些拒绝的回答是多么不同和出色。即使遇到了什么新的拒购理由，销售员也能参考销售经理在每周演示会上设置的问题，从中获得应对新情况的办法。

（9）重点关注这个问题：如何提升客户的需求层次，让他放弃低价产品，转而想要高价产品。专业的销售员肯定能够做到这一点。

需要指出的是，所有这些宝贵的资料都能从销售演示会的会议记录中获得。

开展日常培训

挑好指导员并准备好手册之后，培训工作在很大程度上就有章可循了。

首先，每一名销售员——不管是新手还是老手——都要反复学习手册上的内容，绝不允许敷衍了事。他必须认真学习在不同情况下"接近客户""演示产品""完成签单"的主要方法，还要在例行的演示会上接受全体销售员的检验。

根据业务性质和个人条件的不同，销售员需要两周到六周不等的时间来进行初步学习。随后，他可以进入一个具体的销售领域，进一步观察、学习。与此同时，他也可以在办公室里学习如何进行销售，以便记录下自己的表现。

一个星期以后，指导员就应该陪他进行日常销售练习，并记录下他的销售过程。这样就能看清他遗漏了什么。随后，指导员可以为他亲身示范一下正确的销售方法。销售员在某个业务领域学满一个月后，指导员就可以带他进入另外一个业务领域进行学习。

不论销售员被分派到哪一个业务领域，区域经理都要对他们一视同仁。

销售团队的监督

创建《销售员每日报告》

指导员应该不时地巡视各个业务领域，不管是在每周的演示会上还是在销售员直面客户时，指导员都要仔细记录下销售员的演示方法。这种对销售实践的近距离观察和详细记录，能够使我们清楚地看到每个销售员的弱点。

公司总部要经常召集区域经理开会。这些会议对公司和区域经理都非常有帮助。区域经理是公司的销售骨干，再怎么关注、培训、激励他们都不为过。他们不仅要对销售业绩负责，也要对管理成本负责。

我们在这里不能完全展开关于如何建立销售体系的课题，但其基本形式是由两张表格组成的《销售员每日报告》。一张表格记录销售员成功的案例，并给出客户及其业务的重要细节；另一张表格记录失败的案例，并总结失败的原因。这两张表格如下所示：

销售员每日报告：销售情况

客户姓名		信誉等级		日期	
客户的业务性质和所使用的系统					
销售产品		送货日期			
所需高价机器		日期			
所需复印机		日期			
发送广告事宜如下：					

销售员每日报告：失败案例

客户姓名		信誉等级		日期	
客户的业务性质和所使用的系统					
有何需求		销售为何失败		回访日期	
发送广告事宜如下：					

有了这两份报告，再加上一份潜在客户的完整名单，你就具备了建立一个完整的销售体系的最佳基础。很多其他表格也可以陆续加进来，从而形成一份完整的档案，而你从这份档案中会发现跟踪潜在客户的各种不同方法。

根据《销售员每日报告》和那份潜在客户的名单，你就能判断你手下的销售员是否完整覆盖了各自负责的业务领域。如果没有，你可以要求他们去做。

《销售员每日报告》能够帮助你对这些潜在客户进行分类，从而确保他们能在恰当的时间得到恰当的关注，能在销售员下一次拜访之前接到合适的广告。这份报告能够帮助你不断拓展业务，给公司带来巨大的利益，特别是当你把它们跟整个销售体系配合起来使用的时候。

能够很好地坚持以上做法的销售部门，将会更好地应对竞争，为公司带来更高的利润。

创建《销售部门执行报告》

我认为，《销售部门执行报告》作为一份必要的基础报表，应该清楚地显示出每个业务领域的每款产品必须完成的业务量。它必须详细地展现销售情况，同时也要列出可允许范围之内的生产成本（包括额外花费）、销售成本（包括工资、佣金、出差费用、广告费用等）和一般成本（包括租金、保险、税收、通信、管理人员工资等）。不管在什么情况下，都要认真计算以上各项成本的合理比例。

只有完全熟悉以下两点之后，才能正确地计算出可允许的成本金额：一是公司应该赚多少利润；二是考虑到业务量和执行成本，每个业务领域能够赚到多少利润。当你对所有的业务领域都进行了包括销售价格、生产成本、销售成本、一般成本以及各项成本的比例在内的计算，并理清了所有条目的关系，你就拥有了开展后续工作的坚实基础。当然，销售部门可以据此给销售员树立奋斗的目标，并以此来评判他们的表现。

有了这些资料，下一步就是梳理销售情况，汇总各项数据，做好销售记录。销售经理应该根据《销售员每日报告》上的详细信息，认真做好每天的销售记录，并由此整理出每个月的销售记录。与此同时，销售经理还应该汇总出各项数据：销售数据源自销售记录，成本数据则直接源自财会部门。如此一来，销售经理就很清楚哪些事项必须完成，并且能知道究竟完成了多少或落后了多少。《销售部门执行报告》能够给管理人员提供与销售工作息息相关的各项指标。特别是在按长期合同执行的业务里，完成签单后的很长一段时间都是在交付产品，这一报告就显得非常有用。

至于销售部门的其他报表，如反映区域分配、业务范围、销售效率、竞争态势等情况的报表，当然也需要制作，但这就不是我们要讨论的话题了。

建立客户档案

销售部门的一项重要工作就是记录潜在客户的信息，供销售经理和一线的销售员使用，因为他们可能会与名单上的潜在客户进一步发展业务关系。

销售员本人也应该以便捷的方式记录现有客户和潜在客户的信息，例如可以使用卡片系统或其他方法来做好这项记录。实际上，这项记录应该包含两个同等重要的部分：一是囊括所有现有客户和潜在客户名字的索引，二是与索引一一对应的信息系统，销售员可以根据这部分信息安排每天需要电话联系的客户。这个与索引相对应的信息系统，可以防止遗漏现有客户和重要的潜在客户。

驻地销售员和旅行销售员都可以采用多种办法来记录自己的业务。制作卡片的人应该在卡片上列出所有对销售员有用的信息栏目：潜在客户的姓名，公司名称，公司地址，经营范围，销售员的姓名，寄出的商品目录和价目表以及备注。当销售员接收到其负责区域内的个人或公司的问询时，就应该为这个潜在客户填写一张卡片。当销售员了解到潜在客户近期的购买需求时，或与任何一个客户签订首单时，都应该为他填写这样一张卡片。

卡片上应该留有一块空白的区域，用于记录潜在客户或现有客户正在使用的产品的品牌或类型，还要特别留出一块区域，用来记录最后一次通电话的时间等信息。记录潜在客户正在使用的产品类型或相关设备的信息非常有必要，这一信息可能来自销售员在首次拜访客户时的观察所得，也可能来自销售员与客户的往来邮件。这一信息可以使销售员知道他所面对的竞争对手。

每次跟现有客户或潜在客户沟通过之后，销售员都应该在备忘录中记下此次洽谈的结果，这一做法应该一直坚持到交易达成为止。每天下班的时候，销售员都应该在卡片底部的备注栏里仔细填写以上这些信息。

卡片索引

把卡片信息填写完整之后，就可以按照一定的方式将其归档了。销售员可以建立一个按客户姓名的首字母排序的索引，把自己负责区域内的所有现有客户和潜在客户的信息都囊括进来。随后可以把卡片分为三类：可能随时会下单的潜在客户；可能在未来某个确定的时间下单的客户；销售员必须定期拜访的常客。

如果能将这三种卡片区分一下，比如按照不同的类别，将回形针别到卡片的不同位置，那么这三种卡片就不需要分开存档了，但仍然要将它们纳入同一个索引之中。对于未下单的潜在客户和有望再次下单的常客，可以在其信息卡的左上角别上回形针；对于第二类客户，可以在其信息卡的中部别上回形针；对于第三类客户中的潜在客户或需要定期拜访的客户，可以在其信息卡的右上角别上回形针。

随动文档

每月月初，销售员都要从卡片档案中移除第一类客户（即他想要说服的客户和向他询问过产品信息的客户）的卡片，因为他要在未来的一个月内与他们面谈。他可以将这些卡片放入随动文档中，便于日常使用。这个随动文档应该包括每天将要处理的卡片，销售人员可以适时取用这些卡片，并在最适宜的时候拜访卡片上记录的这些客户。

每月中旬，销售员都要从卡片档案中移除第二类客户的卡片，即回形针别在中部的卡片或是最佳拜访日期在本月中下旬的客户的卡片。同样地，这些卡片也要被放入随动文档中，且按最佳拜访日期来摆放。

每月月底，销售员要从卡片档案中移除回形针别在右上角或最佳拜访日期不在该月的常客的卡片，把它们放在随动文档的最后。当他打算拜访这些客户的时候，就可以调出这些卡片。

随动文档是销售员的动态数据库，就像他的助理一样。如前文所述，他每个月只需要例行查阅三到四次索引档案即可。当然，当他收到索引档案中潜在客户或现有客户的问询邮件或电话时，或想要回忆客户的个人或公司信息时，他也可以查阅索引档案。

销售员每天都要从随动文档中调出当天最适合拜访的客户的卡片，以供参考。鉴于上述原因，他应该将卡片按照一定的顺序摆放，并有一份确定的日程安排。

每拜访完一位客户，销售员就要在卡片上记录洽谈的内容，并填上下一次拜访的日期等信息。信息补充完整之后，销售员应该将其放回索引档案，并在相应的位置别上回形针以示区分。以后每个月都要进行同样的操作。但是如果下一次拜访现有客户或潜在客户的日期安排在当月，那么该客户的卡片就要被放入随动文档的相应位置，而不是放回索引档案里。

以上只是销售档案的最基本形式，现代化的销售部门也有类似的索引档案和随动文档，但通常更为复杂。现代化的销售部门有各种各样的客户名单，销售员和销售经理可以依此跟进他们各自的业务。

维护潜在客户记录系统

销售部门的另一项重要工作，就是记录通过一般宣传和特殊广告等收到的问询信息。费尔班克斯·莫尔斯公司（Fairbanks Morse & Company，美国著名的引擎、天平制造商，总部设于美国芝加哥，其分公司遍布美国）的广告部经理 A.G. 兰沃西设计了一套经典的信息记录系统。该系统每周向每个分公司的潜在客户发展部发送一份报告，该报告以表格形式呈现，名为"潜在客户问询与购买记录"。这份周报包括了部门名称、销售员负责的区域、问询的来源渠道（如果有的话，写上关键的数字和字母）、收到的问询数量、销售数量等信息。从各个渠道收到的问询数量和完成的订单数量也有明确的记录。《销售员每日报告》所包含的信息也体现在这份周报中。

下面，我们为大家详细介绍这套信息记录系统的使用方法，供大家参考。

如何处理潜在客户的问询

以下是处理问询信息的建议，这些建议将连同空白的周报表格一起被发到各个分公司：

（1）费尔班克斯·莫尔斯公司每年都会在广告上投入数千美元。如果你没有认真记录客户的问询并填写该表格，我们就不能确定我们的广告投入是否值得，也不能确定哪种广告形式效果最佳，更不能排除那些效果不佳的广告形式。

（2）收到问询邮件之后，请立即在表格上记下这一问询信息，不管结果是否理想。记录问询信息的来源也十分重要，不管这些信息是否来自你所负责的区域，因为公司的宣传手段是否有效、客户的问询信息是否有价值，是需要通过芝加哥总部的报告来衡量的，而总部的报告将汇总所有分公司的报告。

（3）在交易达成之前，详细记录每次问询信息的来源，并将其提交给总部。相关的记录方法，详见下一节"如何正确使用活页夹"。

（4）在活页夹上分别记录通过索引档案、宣传、贸易报告以及套用信函等各种形式所达成的所有交易。

（5）在回复客户的问询之前，先要研究一下吸引他前来问询的那一条广告，想清楚他为什么会被那一条广告吸引。回信的内容要有"洗脑"的作用，同时要避免使用冒犯的口吻催促客户回复。在客户回复你之前，你的这项业务都不算有太大的进展。除非你的销售员跟他签下了订单，否则你将无法知道结果。

（6）在收到同一日期的问询和贸易报告时，写第一封套用信函给潜在客户。

（7）同时写第一封套用信函给你的销售员。

（8）一周之后，写第二封套用信函给潜在客户。

（9）同时写第二封套用信函给你的销售员。

（10）若问询或贸易报告的质量不佳，则不必将该客户推荐给销售员，而应直接使用套用信函将其发展为真实的潜在客户。

（11）在给潜在客户写信时，要时刻注意你的措辞，让客户觉得自己有回复的必要。

（12）要确保沟通渠道的畅通，即使你已经将潜在客户推荐给了你的销售员，也要确保你能随时给这位潜在客户写信。

（13）在回复问询时，不要让客户失去进一步咨询的兴趣，要确保即使销售员对他拜访不够频繁，他也能通过信件获取更多的信息。

（14）如果你不知道该怎么回复他关于引擎产品的问询，就尝试用天平产品的回复方式回复他，反之亦然。

（15）为挖掘额外的购买需求，你可以添加一些其他产品的附件，比如，客户咨询的是引擎产品，你也可以附上天平或其他产品的相关介绍。

如何正确使用活页夹

我们在本节仍将以费尔班克斯·莫尔斯公司为例，为大家展示活页夹的具体使用方法，这种活页夹同样由 A.G. 兰沃西设计而成，是其潜在客户记录系统的重要组成部分。

（1）认真更新和维护潜在客户的信息记录系统。

（2）为每位潜在客户制作活页表格和信息卡。给信息卡贴上 1 到 12 的标签，这些数字代表以下产品种类：1. 代理引擎；2. 中号引擎；3. 大号引擎；4. 采矿；5. 蒸汽泵；6. 发电机与发动机；7. 小号天平；8. 铁轨天平；9. 货车与漏斗天平；10. 风车；11. 泵、管道与配件；12. 混合型。

（3）芝加哥总部的信息记录系统。

①将活页夹存入一个垂直分布的记事本文件中，按照应该发往各个部门的日期来排列。

②将潜在客户的信息卡按照各销售员所负责的区域存档，标明各个部门应该将相应的活页夹返回总部的日期。

③在这个系统中，总部将一直保管信息卡，但是包含通信记录的活页夹会在需要被处理的当天发往不同的部门。在活页夹返回之前，与之对应的信息卡都将被放在名为"OUT"的抽屉里。待活页夹返回后，总部的职员就要更新卡片上的归还日期，并放入原先的文件夹中。

（4）分公司的信息记录系统。

①将活页夹按字母顺序或地理分区放入垂直分布的或其他形式的文件夹中。

②将信息卡按照销售员所负责的区域存档，并在每张信息卡前放一张标明日期的橘红色卡片。

③在这个系统中，除非有特殊情况，否则活页夹将不会离开这些文件夹。橘红色卡片上显示了需要调出该信息卡并交由某部门处理的时间。在处理完信息卡后，信息卡将被发回总部，标上新的日期并放回原处。

（5）在这个系统中，如果无法将潜在客户的信息按地理分区归类，比如铁路公司等无法按地理分区进行存档，就只能忽略区域信息，按客户名称的首字母进行排序。

（6）如果发现与某客户信件往来的日期早于活页夹设立的日期，那么需要补充、更新以下信息：

①潜在客户所在的区域，即销售员所负责的区域。

②潜在客户的姓名。

③潜在客户的地址。

（7）有些邮件可能没有明确显示潜在客户的姓名，但仍要按照潜在客户的姓名存档，并标明第（6）条中要求的各项信息。

（8）为每位销售员所负责的区域设立两个抽屉，一个用于存放"活跃"客户的信息，另一个用于存放"已达成交易、未达成或放弃交易"的客户的信息。

（9）上述两个抽屉中存放的信息卡，应该按照地理分区进行分类。

（10）卡片上的所有信息需用墨水笔书写，不能使用铅笔。

（11）所有经销商和宣传员的姓名都应出现在信息卡上。

（12）如果某潜在客户缺少常规信息卡，则该客户的相关资料不能存档。

（13）潜在客户信息卡的标题应以"经销商""商人""宣传员"和"客户"等加以区分。

（14）"来源"一栏可填的内容是"第 × 封套用信函""第 × 个广告""拜访我司""给我司写信""博览会""其他分公司"或负责该潜在客户的销售员的姓名等。

（15）"备注"一栏可填的内容是商品的规格和种类，如果可能的话，填上客户可能下单的日期。

（16）谨记"电话联系"或"销售员报告"一栏是十分重要的，需要仔细填写，因为这显示了销售员对该潜在客户的重视程度。

（17）在潜在客户下单后，应将其卡片从名为"活跃"的抽屉移到名为"已达成交易、未达成或放弃交易"的抽屉里（写明交易的全部金额）。必须写上达成交易的日期和销售员的姓名。如果条件允许的话，还要备注一些细节，如"商品规格""强大的竞争对手""价格"等信息。

（18）在咨询经理前，不能销毁任何一张潜在客户的信息卡。

（19）必须谨慎地向芝加哥总部的广告部门报告所有收到的问询信息，并标明索引编号，只有这样，总部才能确定某次问询具体来自哪一次广告宣传；同时，也要向芝加哥总部的广告部门汇报这些问询最后达成交易的情况。我们在广告上的投入很大，只有当所有分公司都做出精确的报告时，我们才能了解广告投入的效果。

第十章
培训代理商——以出版公司为例

这一章共包含三个主题，它们实际上是我对芝加哥一家大型出版公司的培训课程的概括总结。它们主要是用于鼓励和帮助刚刚踏入销售领域的年轻人的，但对普通销售员来说也非常有用。

第一讲：关于销售

如果我们现在相对而坐，那么只要你遇到困惑，就可以随时打断我的谈话，向我咨询。任何其他方式都不会比这种方式更能让你获得良好的职业训练了。但是，既然我们无法见面——至少目前是这样——那么就让我试着用文字和你交谈吧，就像我们一起坐在我的办公室里一样。

过剩的从业者

首先，我想谈谈你所从事的行业。当今时代，绝大多数行业都是人员过剩的。几乎所有的行业都是人头攒动，就像沙丁鱼罐头一样。人力资源的供给远远大于需求。在专业技术、文学、科学、行政甚至手工制作等领域，职员的能力和技术只有在很多年后才会得到承认，因此低工资现象远比想象中更加普遍。

需求大于供给的东西

但是，有一样东西是人们永远需要且愿意出高价购买的，这种东西往往是需求大于供给，拥有它的人总能更容易地赚到钱。这就是高超的销售能力。这种能力可以让你吸引客户的注意力，说服他们购买你的产品。这种能力能够极大地提升你的个人价值。你可以运用这种能力来赚钱，然后继续深造或是去尝试更加适合你的职业。即使在新领域里失败了，你也可以回到销售领域，再次运用这种能力，再次积累财富。它能缓解你的经济压力，它值得你花费一定的时间、精力甚至金钱去获得。不要放弃任何可以锻炼这种能力的机会，因为它的基本原则对你为人处世也很有帮助。它能让你以一种聪明、愉快、和气的方式与同事交往。不论你从事什么行业，它都能帮助你获得成功。

如何获得销售能力

获得销售能力的有效方法之一，就是在一家图书出版公司从事销售工作。害羞、冷漠、不自信或是不通人情世故的人通常不适合销售工作。他们缺乏自信，不知道怎样掌控自己，不知道怎样运用自己所学的知识或怎样安排时间会更有效率。在征订一本好书的过程中，你能够最大限度地弥补这些缺陷，获得更好的训练。你会在销售图书的过程中遇到最具教养的人群。

优秀的销售员总能得到礼貌的对待，因为他永远不会令客户厌烦，他了解自己的业务，他说的话能让客户产生兴趣、获得指引，虽然这些特质并不一定能促成交易。

你的个人态度

你要坚信，这份工作能带给你尊严和价值。因为这份工作，你跟世界上一些最伟大的人物成了同行。

乔治·华盛顿在年轻的时候，曾经为一本名为《文明的武器如何驯服野蛮的美国人》的书进行过征订工作。他利用在弗吉尼亚州费尔法克斯郡做调研的时间，在亚历山大市卖出了两百本书。

大家可能会在罗浮宫的一个玻璃展柜里看到一套推销员的用具。这是拿破仑·波拿巴大帝年轻时征订《革命史》时使用的。

丹尼尔·韦伯斯特用代理托克维尔的《美国》一书赚到的钱，支付了他在达特茅斯学院第二个学期的学费。

格拉特将军曾经代理过欧文的《哥伦布》一书。海斯总统曾经作为销售员，在整个俄亥俄州的南部地区招揽客户。加菲尔德总统通过从事销售工作支付了威廉姆斯学院的费用。俾斯麦亲王用了一个假期替布卢门巴赫的一本手稿招揽客户。詹姆斯·G.布莱恩卖过《亨利·克莱传》一书。

值得注意的是，这些人物都在回忆录中指出，他们非常骄傲于以这种方式自食其力。

工作的尊严

当你认识到这份工作的价值之后，也要树立一点儿恰当的自尊，认识到你是一家大型出版公司所认可的区域代理。你是这家公司的一名职员，你几乎每天都和经理们打交道，而他们把你看作团队里很重要的一员。我无法像每天见面那样让你强烈地意识到你是"我们中的一员"，但区域代理和总代理真的是这个团队的生命线，是你为这个团队带来了业务。如果你是一名高效的、忠诚的、有价值的代理，那么你应该得到最好的对待。如果你有机会访问我们的城市，我们将非常欢迎你到公司总部来，也非常乐于听你谈论任何你认为对公司业务有利的话题。

你的职业是光荣的

作为我们的代理，你在面对潜在客户时要举止得体、不卑不亢。你要平等地对待每一个人，不能以任何冒犯行径强迫他们，要时刻维护公司的尊严和你自己的尊严。记住，你要设法和他们达成一笔交易。在这笔交易中，你并非只有索取没有贡献，你是在以产品价值换取货币价值。通常来说，只要你表明这一点，人们会很乐意付款。

第二讲：关于职业

什么时候开始

在学完"如何销售"和"一般注意事项"等内容之后，你就可以开始工作了。越早开始实践，就能越早积累经验，以后可能犯的错误也就越少。在家里的演练并不像投身真实的销售实践那样有价值。你必须在某个时刻入行，在你认为自己已经做好充分的准备之后，最好马上行动。只有通过实践的检验，我们才能真正理解那些之前学过的知识。

了解工作的价值

在刚入行时，不要抱有不切实际的期待。人们上了四年大学，又上了三年职业学校，然后会欣然接受每年六百到八百美元的初始工资。技术工人要经过一段长达三到四年的学徒期，才能每天挣到两到三美元。然而，仍有一些人舍不得花时间去认真学习、去做准备工作，好让自己习得一技之长。要知道，这个行业能让一个能力平平的人每个月净赚一百美元以上。

天气状况

你要知道，销售工作主要是在户外进行的，如果你一直做的是室内工作，那么刚开始的时候，你一定会因为阴雨连绵或严寒酷暑而备受打击。雨天是去乡村或商业区销售的最好时间。通常，农民和商人在雨天没什么事儿干，这样你就能长时间跟他们相处，签单的可能性也会更大。特别热的时候，你可以在清晨、黄昏和晚上进行销售；中午时分你可以用来收集客户名单和信息，或是阅读销售指南，计划销售活动。胸有成竹，才能百战百胜。

不要拒绝加班

如果是八小时工作制，我们并不建议你晚上总是加班。但经验证明，那些最终获得成功的人，并不满足于只是完成分内的工作，而是不放过任何可能的机会。那些在晚上做兼职销售员的人，总能更好地完成征订工作。这一事实表明，晚上这段时间也是非常宝贵的。跟客户约定在晚上见面也大有裨益。

汇报非常重要

你要认真完成《销售员每日报告》，并及时发给公司。在《销售员每日报告》的背面，写下你当天的工作情况。如果你克服困难拿下了一份订单，就把这个过程写下来以激励其他销售员。如果你被一个棘手的问题难住了，就把它写下来以寻求帮助。你遇到的难题，可能其他销售员也遇到过，而且他们已经找到了解决办法，总部会告诉你他们是怎样应对的。

认真填写每一份报表，不要漏掉任何一个空格。报表里的每个栏目都有其用处，每一条陈述都有其意义，它们都有助于我们为你提供正确的指导。我们请你每天记下工作的细节是非常有必要的，因为虽然我们记得你，但却不可能记住你的工作的所有细节，也不可能每次回复你的时候，都去花时间查阅你以前的报表。

报表非常重要，原因之一就是，它能提醒我们准备好足量的库存商品。假设我们有一千到一千八百名销售代理——一般来说这也符合实际情况，再假设其中的五百名代理一个星期没有提交《销售员每日报告》，而他们的图书销量却达到了三千五百本，那么我们就无从知道要运送这么多图书过去，因为我们没有把它们计算在内。显而易见，这会导致送货的延迟。在书籍库存有限的情况下，我们更喜欢那些能及时汇报的销售代理。

从身边人开始尝试

充分了解过产品的特性并熟练掌握我们的指导之后，你就可以开始真正的实践了。你可能觉得自己就像站在游泳池上方跳板上的一个男孩。你不敢跳下去，因为池水看上去很冷，但你最终鼓起勇气跳了下去。当你跳水成功以后，你奇怪自己之前为什么会害怕跳水，因为跳入池水中的感觉如此之好。当你完成第一个订单后，你会有同样的感受。

找一个你值得信赖的人，在他身上练习一下你学到的销售技巧。这会是一个很好的开始。去见他，告诉他你在为我们做销售代理。跟他解释清楚，你不是在向他兜售商品，而是想通过这一过程，来评判自己的销售能力。问问他是不是喜欢你的销售用语，让他为你提供他能想到的所有拒绝意见，这样你就能试着运用技巧去回应它们。他肯定不会拒绝的，然后你就可以在他身上演练你所掌握的最好的销售方法了。这一步骤可以让你实现平稳的过渡，从而真正进入销售行业。如果这次销售不太成功，你还可以接近下一个可能会购买书籍的人，并在他身上继续演练。模拟演练比纯理论的学习对你更有意义，这样的经历有助于你弥补不足。

第三讲：关于成功

希欧多尔·L.凯勒博士说过："三十多年来，我一直在观察这个忙碌的国家里数以千计的年轻人的职业生涯。我发现成功者和失败者之间最大的不同就在于他们是否能坚持到底。能坚持到底的人比那些颇有天分且成长极快的人更容易获得持续的成功。那些容易气馁的人总是踟蹰不前、松懈懒散，一根稻草的力量就能把他们推回原地。那些领会并实践亚伯拉罕·林肯'勤奋工作'这一家训的人获得了最坚实的成功。"

有经验和没经验

是否能成功签单，完全取决于销售代理或征订人员是否热切关注自己的利益。征订对象的性格、生活条件（不管是贫穷还是富有）、阅读意向（不管家里有多少藏书）以及他们对征订人员的态度（不管是喜欢还是不喜欢），所有这些都不重要。一名热切关注自身利益的征订人员会想方设法去吸引富人或穷人、受过教育的人或没受过教育的人、和蔼的人或暴躁的人。这种技能来自经验，没有人天生具备它，也没有人能一下子拥有它。有些征订人员之所以觉得征订工作不好做，是因为他们没有经验，有些征订人员觉得征订工作很简单，是因为他们经验丰富。

新手肯定是没有经验的，在刚入行的日子里，各种业务难题会朝他涌来。这是他的磨炼期。经过这段磨炼期之后，那些难题会变得越来越容易解决。他的经验不是一天获得的，而是天长日久积累的结果。当他回顾自己的职业生涯时，他惊讶于曾经在他看来非常困难的任务，如今却变得非常简单。

理论和实践

将自己积累的经验运用于实践，坚定不移，坚韧不拔，这或许就是所谓的成功。没有什么是比学习别人的现成经验更能让自己获益的事情了。**请牢牢记住这一点：你所遇到的每一个问题，都已经被解决过无数遍了。因此，普遍的销售准则是完全值得信赖的，它们不仅来自理论，也同样来自其他销售员的实践经验。**

成功的三个因素

订单不是靠运气得来的。在社区里，很少有人一看到你的产品就想购买，但那些勤奋的销售员，比如每天拜访十到二十个客户的销售员，却能轻易地得到这种类型的订单。大多数人一开始都很冷漠，你必须激发他们的兴趣才行：首先，你要非常了解自己所销售的书籍；其次，你要能生动地介绍自己的书籍；再次，你要善于带动舆论，制造口碑。

记住这些经验

优秀的销售员是在销售一种观念，他深谙人性，也懂得运用自己的智力。

他必须勤于思考，不断学习。

《销售指南》可以为你提供参考，你应该随身携带并经常翻阅它。它囊括了你在销售中可能遇到的所有问题，并且提供了非常有价值的解决方案。

带着思考学习这些解决方案，会让你的智力朝着正确的方向发展，但你只有将它们运用于实践，才能真正掌握它们。开始的时候，你可能会认为这些方案不具实用性，或觉得你不适合这份工作，但实际上，这只是因为你缺乏经验而已。

思考产生观念

一本好书所包含的基本观念并不多，用心的征订人员肯定能把它们全都记住。列举每一章的主要论据，用自己的语言简略地复述其主要论点，说出作者所要讨论的主题，这样一来，征订人员就能非常详细地描述自己所销售的产品——一本书。

但是，仅仅了解书籍的内容并鹦鹉学舌般地重复这一内容是远远不够的。你要思考这样两个问题：不同的人群如何使用它们才能获得最大利益，你又该如何最有效地阐述和解释这些用处。你应该每天都读一下这本书，一句一句、一段一段地读，以便找到更好的介绍这本书的方式。当你这样做的时候，工作会变得很有趣，因为它是充满创造性的劳动，是成功的强有力的保证。

知道该说什么

你可以从《销售指南》里学习如何表达你的主题，也就是提出哪些销售要点，使用什么语言，如何组织这些语言。你要努力学习这些内容，记住那些非常有用的观点，并以深思熟虑的语言和适当的顺序把它们表达出来。你要不断练习，让自己的表达变得自然、有趣，而不再是机械的模仿。

适时调整

上述训练必不可少，但它只是一个基础。《销售指南》虽然具有普遍适用性，但在实践中，你还是要根据销售对象的不同而有所变通。当然，在做出改变之前，你需要好好研究一下你的目标群体。要懂得不断调整你的销售方法以适应不同的人群和不同的情况。

善于使用样品

我们提供给销售员的配备完全能满足你的需要。不要错误地认为，如果你有了这个或那个东西，就会做得更好。事实并不是这样的。

用我们提供给你的样品进行销售，要努力，要认真。

专注于你的工作，记住这句古老的谚语"一顺百顺，一通百通"。只要你努力、认真，就会取得成功。

第十一章
销售代理权——以出版公司为例

代表着生产商利益的区域代理需要有熟练的销售技能。总代理必须第一时间找到潜在客户，再通过适宜的方法让其购买代理权。

很多成功的销售员在事业起步时都卖过书，并通过卖书赚到了自己的第一桶金。图书生意一直被认为是一项古老而崇高的事业。

一些大型的出版社仍保留了代理部，这一部门在城镇和农村地区招聘并任命代理来帮自己做销售。通过这种代理方式卖出的图书种类繁多，包括流行的和权威的书籍：家庭版《圣经》、字典、烹饪书、历史书、自传、百科全书、医学书、技术书以及大量关于灾难、成功和政治动荡的书籍。

有些代理是通过邮件来联系和任命的，有些代理是由总代理直接任命的。总代理的工作地点很灵活，他们能在自己所负责区域内找到合适的代理，接着聘用代理并为其提供培训。为维护公司权益，在通常情况下，被任命的代理需要交纳一笔定金，作为必要装备的采购费用和第一笔订单的货款。

关于总代理的工作指导

在离开总公司之前，总代理通常会接受详细的指导，同时也会拿到一份详细的指导手册，这样他们就可以经常温习这些内容，以便在任何可预见的情况下，从容应对。

各线销售员也最好了解一下这些发给总代理的《指导意见》。下面我就以一家大型出版社为例，列出一份针对出版行业总代理的《指导意见》。这些总代理所属的代理部，管辖着覆盖整个北美大陆的数千名代理。

（1）总代理的任职资格。

①愿意为工作做充分的准备。愿意不断学习、掌握和遵守《指导意见》和不定时下发的材料。

②具有独立解决问题的能力。能够充分利用自身的天赋、判断能力和各种资源解决各种问题，能够坚持不懈。

③要十分清楚你所售书籍的每一页的内容，这样你才能巧妙地、富于激情地和高效地谈论它们的优势，找到卖点，让潜在代理相信这些书可以带来丰厚的利润。

④必须有坚韧不拔的精神。拿破仑的成功在于，即使被打败时也毫不气馁。

做一个像拿破仑一样的人！永不放弃！从不认输！

⑤愿意全身心投入总代理的工作。决不允许代理其他出版社的书籍或其

他领域的产品。

（2）成功的要素。

总代理的成功在于：其所任命的一级代理非常成功，而且能及时从被任命的代理处收到全额押金。资深的总代理一般管理八到十二个代理，而且常年都保持这样的水平。

如果你有很好的判断力，并能做出相应的努力，那么，留住业绩不凡的一级代理和剔除毫无业绩的无用代理一样简单。我们宁可你留住五个代理，每个人都能卖出一百本书，也不愿你聘用五十个代理，每个人只能卖出一本书。

（3）总代理的工作要求。

我们希望你能尽快入职；希望你通过掌握所销售图书的内容和其他不定时下发的资料，不断充实自己；希望你能一如既往地认真完成我们不定时下发的任务；希望你在招聘、任命和指导代理时，充分利用你绝佳的判断力。尊重并公正地对待你手下的所有代理，除非得到我们的授权，否则不要和代理做任何口头或书面的约定或承诺。

（4）正确的开始方式。

不要抱着试一试的心态去了解总代理的工作，这是在浪费时间、金钱和精力。要严格遵循那些久经检验的方法，它们往往能给你带来成功。要充分利用你的商业判断力和常识，去学习如何培养代理。不要天真地认为，在系统地掌握我们的《指导意见》或获得足够的工作经验之前，你就能知道如何培养代理。我们把最成功的总代理的宝贵经验都列在了《指导意见》里。

你不是为了荣誉或兴趣才去做总代理的，你是为了利润而工作的，不要抱着只是玩一玩的心态，你付不起这个代价。要想懂得如何选拔、培养和任命代理，就必须通过长时间的努力和学习，就像掌握其他领域的技能一样。

如果你遵循我们的《指导意见》，设法让代理对你的书感兴趣，然后长期坚持下去且诚实守信，你一定可以成功。你不可能失败！

有些总代理只是粗略地读过《指导意见》，就声称把它们放在"高于一切事物"的位置，但他们并没有认真去学习。为了你自身的发展，我们强烈建议你在刚入职的两三周里，至少要花一半的时间来阅读这些《指导意见》。你的努力会得到回报的。

还有一些总代理虽然认真学习了《指导意见》，但在实际操作中却没有遵循它们。想要留住一个代理，就必须采纳我们的意见并将这些意见付诸实践。一次只学习一部分内容即可，当你彻底理解这部分内容后，再开始学习另一部分内容。渐渐地，你就能彻底明白如何更好地培养一个代理了。理论第一，实践第二。

（5）做好充分的准备。

要想做好总代理的工作，就要做好充分的准备，否则，你将全盘皆输。不提前做准备，你是绝对不可能留住一个代理的。假设你有四周的时间来确定代理人选，那么，你最好用一周的时间来做准备。

你要通读四到五遍《指导意见》，以获得这个领域内的基本知识。随后，你还要深入学习每一个知识点，直至完全掌握，并把它们变成你自己的知识。

（6）熟悉你的产品。

好好了解你所要推销的每一本书。了解书的主题，了解每本书有多少页、有多少插图、作者是谁，了解它的优势是什么、为什么要购买它、有什么有趣且引人入胜的特点，等等。换句话说，你要了解它为什么能卖出去。

你要能快速回答出上述所有的问题，并且不能出错。你要仔细研究每一本书，直到你可以快速、流畅、精确地描述它们。你要激起代理的兴趣，让他相信这些书是同类书里最好的作品，让他相信这些书都可以大卖并带来丰厚的利润。如果你不从头到尾仔细研读每本书，你是不可能做到这些的。

你要尽量激起潜在代理的兴趣和激情，让他狂热到可以全身心投入图书的销售工作。这就是成功的秘诀。让他自己有卖书的冲动！如果他不喜欢这本书或者认为自己卖不掉这本书，他是不会为其做代理的。

不要尝试向别人解释你不懂的东西，也不要试图让别人喜欢上你所不感兴趣的东西，这些都是致命的错误。如果潜在代理不相信这本书将十分畅销且他能通过这本书挣到钱，他是不会为其做代理的。你要时刻记住这一点。

（7）在你的家乡开始工作。

我们建议你在你的家乡招两个、三个或四个代理。因为你非常熟悉自己的老乡，你一定知道谁愿意做代理，愿意通过卖书挣钱。你可以说服一些熟人接受代理的工作，这样他们将有一个新的开始。

如果你不想在自己的家乡开展任何工作，你也可以选择在离家乡一段距离的地方开始工作。

（8）立即开始工作。

要干劲十足，立即开始，不要浪费哪怕一个小时。时间就是金钱，要充分利用好每一分每一秒。拖延不会带来任何收获，只会造成很多损失。

如果一个总代理在晚饭前一小时到达了自己要开展工作的小镇，他可能会认为这一个小时什么都做不了了，而且推迟一个小时工作也不会有任何影响，基于这种考虑，他可能就暂时放下了工作。这是致命的错误！你要坚信，每个小镇都有一些优秀的人才，他们非常适合做代理，他们时刻在等待着你的到来。每个小镇都有许多愿意支付全额定金并成为代理的人，而你的工作就是找到这些人并留住他们。当然，每个小镇也都有一些爱发牢骚的人和没见识的人，他们肯定会认为"你不可能找到代理""人们不会买这些书""总代理都在这里尝试过，但都以失败告终"等。不要理会这些悲观的论调。向前冲，让你的代理也向前冲。

（9）寻找潜在代理。

你的首要工作是寻找合适的代理人选。如果你敢于与人交谈且有一定的谈话技巧，这将不是一件难事。不要依赖其他的总代理，有些总代理不会为你提供明确的信息，而有些总代理告诉你的信息则超出了你所关心的范畴，因此，不要提过多的问题来烦扰他人。如果你了解小镇的风土人情，那么你很容易就能找到合适的人选。你不需要选定太多的候选人，但是，一旦开始接触、拜访他们之后，就要认真记录你们的谈话内容，直到确定代理人选为止。在拜访候选人时，要开门见山，尽快得到你想要的信息，并尽快离开！只要是你认为有必要提的问题，就要勇敢提出来。

如果小镇面积不大，就马上去找这些人，跟他们面谈。

跟任意一个当地居民交谈，你都能获知那些"想要赚些小钱"的人的名字。这些信息非常重要。

（10）如何谈论书籍和生意。

不要害怕与人交谈，这是找到代理的唯一方式。人们总是希望从你嘴里获得点什么信息，你要多说一些话。除非你经常与人交谈，否则你不可能公正、客观地看待你自己、你的生意和你的公司。接待并引导你的潜在代理，让你的每句话都有意义。认真且富于激情，让候选人的注意力始终集中在你的讲话上。你要控制住他而不是让他控制住你。让他相信你所说的话，他就会成为你的代理。谈话要自然，不要让人觉得你是在背一篇拼凑的稿子。用有力且适宜的语言把你的思想表达出来，不要夸张，不要有错误。任何夸张的表达都会让别人对你之后说的话产生怀疑。不要恳求他，不要表现得很着急，没有谁是很好哄的。你要表述出这样的意思，即你在帮助他而不是在要求他。

如何回应各种拒绝

在前面的章节已经阐述了销售技巧的基本原则，这些技巧同样适用于选拔、任用和培训潜在代理的工作。因此，在出版社的例子中，我就没有必要再重复总代理的工作原则了。下面，我想讨论一下"如何回应潜在代理的各种拒绝"这一问题。

如果你不能很好地回应潜在代理的各种拒绝，那么你基本上就失败了。对于你的游说，人们可能会以各种各样的理由来拒绝你。当然，有些人这么做仅仅是为了测试你的能力或你对书本的了解程度。一个人的拒绝理由可能跟另一个人的完全不同，而第三个人的拒绝理由又跟前两个人的完全不同，要想留住这三个人，你就必须回应他们的拒绝。

以下这些拒绝理由是最为常见的，我们也都给出了相应的处理方式，你应该好好地掌握它们。

（1）拒绝理由：我不可能卖得出去。

回应如下：

我遇到过很多跟你有同样想法的人，不过，当他们了解到我的书质优价廉，且有很多代理已经取得巨大成功的时候，他们就会改变想法，决定试一试。这些人现在大都非常成功。如果你未经了解、不做准备，就可能会无意间代理那些价格高昂且没人感兴趣的书，这是非常不明智的。销售图书要靠口碑，好书谁都想买。很多销售其他图书失败的代理，却意外地在我们这本书上取得了成功，而且每天的成交额高达七八美元。你可以清楚地看到我们这本书为什么如此畅销。它价格低廉、插图精美、包装时尚，每个人都想买它。

（2）拒绝理由：我没有销售经验。

回应如下：

这没有任何影响，你不需要有销售经验。我们为你准备了一份《指导意见》，它会详细告诉你应该怎样介绍这本书。它同时会教你如何推销产品，比如如何接近客户、如何回答他们的问题、如何回应他们的拒绝、如何描述这本书的内容、如何解释这本书的封面设计的含义等，事实上你需要了解的内容在这份《指导意见》里都有详细的说明。只要掌握了这份《指导意见》，你就不会失败。我们绝大多数的代理连一个小时的销售经验都没有，但他们却和有经验的代理一样卖出了很多书。

（3）拒绝理由：生活太艰难，大家都缺钱，买不起书。

回应如下：

生活确实不容易，大家也确实缺钱，不过，为了顺应时代的发展，我们这本书的定价也很低。它的售价只有几美元，即使很贫困的家庭也能负担得起，即使他们买不起其他书，也一定买得起这本书。而且，这是一本人人都需要的书，你知道，只要是有用的书，人们就会买。这个小镇的居民并不比别的地方的居民缺钱，况且这本书在其他地方都很畅销，肯定也能在这里卖出一百来本。

（4）拒绝理由：我脸皮不够厚。

回应如下：

如果你真是个"厚脸皮"的人，我们反倒不会聘用你。我们不想要那种类型的代理。我们需要的是能够以温柔的方式接触客户，能让客户感到愉悦而不是难堪的代理。我们希望代理知道如何礼貌待人，知道如何与人和睦相处，我们只要这种类型的代理。

（5）拒绝理由：我没有太多的时间去做销售。

回应如下：

这不是问题！你只要尽量去做就可以了。我们的要求是，你只要每天在一两个小时的空闲时间里尽力去卖书就可以了。你投入的时间越多，你卖的书也就越多，最终你能挣的钱也就越多。如果你能保证在空闲时间里尽力去做，我们也很欢迎你。我们有很多代理每天只能投入一两个小时，但是他们依然能挣到很多钱，他们对自己的业绩都很满意。

（6）拒绝理由：我将来有可能会做代理，但是现在不行。把你们公司的地址给我，等我准备好的时候，再写信联系你们吧。

回应如下：

我不会把地址给你的。我们公司花钱让我到这儿来，是为了招聘代理。在我离开前，我必须招到代理，因此，这是你唯一的机会。

（7）拒绝理由：人们不看好这个区域的图书代理。

回应如下：

先生，你一定是在开玩笑。我认为，一个卖一流好书的代理，一定是这个社区里最厉害的人，每个人都会很尊重他。销售图书是一件值得骄傲的事情。你知道人类历史上有很多伟大人物都曾是图书代理吗？伟大的拿破仑·波拿巴就曾是一名图书推销员，他推销的书名为《革命史》。乔治·华盛顿也曾是图书销售员，他在亚历山大港卖出了两百多本书，还有丹尼尔·韦伯斯特、马克·吐温、杰伊·古尔德、朗费罗、格拉特将军、美国前总统海斯、布莱恩、加菲尔德等众多杰出人物都曾做过图书代理。有人曾问过伟大的传教士塔尔梅奇是如何看待图书代理的，他回答："我一直都很敬重图书代理，他们为了这个世界付出了很多。"塔尔梅奇说得很对，因为图书推销员跟教师、牧师一样，在教化着人们。

（8）拒绝理由：镇上已经有很多的代理了。

回应如下：

这正好说明了这里有很多热爱读书的人。你要知道，销售员从不在旱地里捕鱼。这个地区的代理很多，恰恰说明了这里的需求很旺盛。人们读的书越多，就越想买更多的书。

（9）拒绝理由：我曾在买书时被骗过。

回应如下：

就因为你曾经受过骗，你就不想卖那些真正的好书了吗？如果你在买鞋的时候被骗了，你也绝对不会打算光脚度过余生吧。我们有责任与公众进行诚信交易，不会发布任何误导性的信息。你可以亲自感受一下我们的方法，我可以向你保证，我们的产品都像我所展示的一样。

（10）拒绝理由：我知道镇上有个男人，已经做了十天销售，可是一件产品都没有卖出去。

回应如下：

我一点儿都不怀疑会有这样的事情发生。有些人不管怎么努力都不可能成功。也许你说的那个人没有读过我刚才给你展示的那份《指导意见》，也许他卖的书不是人们想要的，也许他没有做任何准备工作，也许他不知道该如何推销……他的失败可能有各种原因，但是，他失败不代表你也会失败。我们公司计划先在每个镇上为这本书找到代理，然后再为其他书找代理，因为这本书比其他书都卖得快。如果你仅仅因为某个人的失败而不愿从事这项事业，那么你永远都不会开始。你只要试一下，就会成功的。

（11）拒绝理由：人们没有书也可以生活。

回应如下：

确实如此，但是他们不可能永远不买书！人们没有鞋本来也可以光着脚生活，但是他们不会这样做！他们本可以一天只吃两顿饭，但是他们也不会这样做！他们真正需要的东西他们都会买！如果你以正确的方式展示这本书，让人们有购买的欲望，他们就会愿意买这本书。如果人们不买书了，公司就会倒闭。但是事实上，我们公司今年将投入大量资金出版更多的书籍，因为我们认为人们这方面的需求会越来越旺盛。

以上就是你最常遇到的一些拒绝理由和相应的处理方式，你一定要掌握它们。当然，你回应拒绝的方式可能与我们不太一样，但本质上都是一致的。如果你能更好地应对各种拒绝，就不必拘泥于上面这些方式。转移对方的注意力，也能使他不再顺着自己的思路往下想，你通常可以这么说："先生，我们待会儿再谈这个问题。"不过，阻断对方的思路之后，你还是要马上给出你的解释。

耐心的解答总是最好的做法。不管你做什么，都不要激怒他，不要激起他的不满情绪，要一直保持良好的情绪，让自己心情舒畅，同时也要让对方心情愉悦。在你回答完对方的反驳之后，不要留时间给对方回答或再次反驳。直接讨论你这本书的优势，反复强调它的卖点和可能带来丰厚的利润，他就会忘记他的反驳。

成为总代理的准备工作

成功的要素都是一样的，那就是朝着正确的方向努力。不管你是想取得巨大的成功，还是想很好地完成本职工作，你都要做好准备工作。你不仅要阅读《指导意见》，还要认真地学习和运用这些方法。资深的销售员对自己的工作有全面的理解，他们对所有可能出现的状况都做好了应急准备。

准备工作不会耗费你太多的精力，相反，他是你取得成功的保证。如果你不认真准备，你将付出巨大的代价。不要认为寻找代理是一件容易的事，对于刚入行的人而言，这并不是一件容易的事。我们有的代理一年能赚三千美元，而你一定也知道，一份"很简单的"工作是不会有这么高的报酬的。

你早期的工作经历会影响你的整个职业生涯。除非你知道自己的职位要求并努力达到那些要求，否则你将会失败。

理解你的工作

要熟练掌握我们发给你的材料，这些材料附有详细的解释，非常具有指导意义。不要死记硬背、照本宣科。要理解它们，从我们给予你的基本知识和理念里做出合理的推断，从而得心应手地处理一些材料里没有提及的状况。

不要去做那些无谓的试验，只有当我们所提供的大部分方法都不奏效时，你才有必要去摸索自己的解决方案。

要彻底理解你想要对方签字的协议，能够清楚地解释协议。在各种协议条款中，"定金"往往是最敏感的话题，但只有当你的解释有漏洞时，它才会变得棘手。尽管我们看中的人选往往都有良好的信用记录，但并不是所有的代理都愿意支付定金。不管怎么说，潜在代理极有可能拒绝支付定金，因为这跟他的利益息息相关。以合适的方式向代理解释支付定金的合理性是非常有必要的。

完全了解你的书

要记住以下信息：书名，插图，装帧，零售价，代理的提成，书籍的卖点与特色，等等。卖点指的是极高的权威性，有趣的主题和内容，精美的插图，优质的纸张，新颖的主题，引人入胜的封面和较低的零售价格，等等。

每本书的基本介绍你都要烂熟于心，直至你可以以最佳的方式推销这些书。

要想成功招到代理，最好的办法就是让他完全相信这本书很受读者欢迎，而且与其他人推销不出去的书，或者其他的总代理向他推荐的书（也许这本书也具有同等优势）相比，你介绍的书有更好的销售前景。

我还要再强调一遍的是，在与潜在代理谈话的过程中，尽量不要从推荐一本书转向推荐另一本书。你只要成功向他展示第一本即可，让他相信这是有史以来"最畅销的书"。这个方法适用于所有情况，因为我们的书都是十分畅销的，我们为代理树立的自信以及图书本身的品质都可以帮他取得成功。

学习描述

正如前文所述，在工作初期，你就必须能够完整且生动地描述至少两本书。关于这一点，你可以参考本书第二部分的内容，也要经常练习如何介绍自己的产品。当然，在一般情况下，你没有足够的时间将所有的产品信息都展示给潜在代理。

刚开始工作时，你每周至少要准备一本书的产品介绍，直至准备完所有的书。当拿到一本新书时，你要先仔细研读一番再去找代理。

跟潜在代理谈话的时候，要注意一些细节，要有技巧。在谈提成的时候永远不要说"百分之四十"，要避免使用"百分比"和"佣金"这些词。在谈论书的定价时，不要只是单独谈论定价，而是要把它跟提成联系起来。比如，一本书的布面包装版的价格为 2.75 美元，摩洛哥皮包装版的价格为 3.75 美元，你可以这样表述："由于它很畅销，出版社给出的定价很低，精美的布面包装版的价格为 2.75 美元，典雅的摩洛哥皮加金边版的价格为 3.75 美元。每卖出一本布面包装版的书，你可以挣 1.1 美元；每卖出一本精装版的书，你就能挣 1.5 美元。"

在开展实际工作之前，你要不断地进行练习和彩排，可以让你的亲朋好友来协助你。要不断向他们输出信息，让他们评估一下你的表现。让他们扮演潜在代理，提出所有可能的拒绝理由，然后你试着一一回应。这不是愚蠢的马戏表演——这是在为成功做准备。

销售人员的禁忌

（1）不要尴尬地坐着。

（2）不要用手去碰你的潜在代理。

（3）不要用手指或笔尖指向潜在代理。

（4）不要说错话。

（5）不要用一成不变的语调说话。

（6）不要含糊其辞。

（7）不要过快地转移话题。

（8）不要过于强调某件事。

（9）不要忘记强调重要内容。

（10）不要认为言多必失。

（11）不要言行不一致。

（12）不要照本宣科。

（13）不要过分展示所谓的个人魅力和气质。

（14）不要误解潜在代理的反驳。

第四部分

渠道篇

第十二章
了解销售的上游环节

熟知生产环节

对于渴望完全了解自身业务的销售员来说，那些成功的生产商的经验同样值得学习。

生产商必须提前安排生产活动。要想成功地把产品从工厂销往各地，首先要对当地或其他地区的生产环境进行调查。在开始生产之前，必须要完全了解市场，周密考虑所有的情况。只有完成了这些准备工作，生产商才能开始进行重要的第二步，也就是组建销售团队。

本章我们将以芝加哥斯蒂格钢琴公司为例，为大家介绍一下销售工作的上游环节——生产环节。该公司在伊利诺伊州建有斯蒂格工业区，其创始人兼总裁约翰·V.斯蒂格先生的经验非常具有典型性。

企业的区位优势

生产商的最终目标就是卖出产品，赢得利润。为了实现这个目标，斯蒂格先生于1878年初来到西部地区开始生产钢琴，依靠合理的经济原则进行决策。由于没有可靠的担保，他的产品很少能变现，但他坚信这里的市场很有潜力，理由如下：

一个新企业的选址需要考虑四个决定性因素——接近原材料供应地、具有竞争优势、便于销售和运输、劳动力供应充足。

斯蒂格先生的竞争对手和购买人群多半位于东部地区，竞争对手需要花费大量资金从这里运送木材到他们的工厂，而他却在原材料供应地的中心位置建了工厂，然后把成品运到纽约和波士顿参与竞争。纽约和波士顿的生产商要花钱运送大量笨重的原木，而他却能就地把这些原木锯断，扔掉刨花和锯屑，然后把中空的、相对较轻的钢琴运到东部去。这让他具备了极大的成本优势——运输成本低。因此，他的销售员就获得了最大的竞争优势——产品价格便宜。

随着西部地区的发展，这里的人们也开始追求有品位的生活。为了在激烈的市场竞争中立于不败之地，斯蒂格先生决定在尚未开发的西部地区开展业务。这样一来，他在生产成本上的优势就更明显了，因为和东部地区的生产商相比，他在原材料和成品的运输上能节省不少费用，这会进一步降低他的产品价格。另外，这里的劳动力供应和运输条件显然要比东部地区更具优势。

在选好厂址之后，接下来就要确定具体生产什么样的产品。他决定生产钢琴。但是对于一个不知名且未经市场检验的生产商来说，生产什么品级的钢琴才能在一个新领域里脱颖而出呢？

这是斯蒂格先生要解决的下一个问题。正如生产烤箱、炉灶等其他产品的厂商一样，斯蒂格先生生产钢琴也是为了赚取利润。

产品的市场定位

产品的市场定位有两种：一种是以高价销售限量的产品，这意味着你要迎合高端消费群体，你的产品要品质优良、设计高雅、装饰精美；另一种是以低价销售大量产品，这意味着薄利多销。斯蒂格先生选择了后者，因为中西部地区的消费者讲究实用胜过时尚。他决定生产适合中产阶级家庭的产品。他砍掉了多余的产品线，只生产一款主打产品。当然，很久以前，斯蒂格先生就扩展了不同的产品线，现在能生产各个品级的钢琴。但是，在需要迅速回笼资金的情况下，以较低成本大量生产主打产品是最好的选择。

在销量稳步增长的情况下，下一步就是要突出产品的差异化，使它区别于竞争对手的产品。这种差异化要通过广告和销售员的推介等手段灌输给大众，最好要申请专利保护，并且拟定一个朗朗上口的名称。事实上，这是一款产品跻身全球市场的必备条件。正如缺乏创造力的人什么也不是，没有特色的产品在消费者眼里也毫无价值。

不仅钢琴生产商需要考虑这个问题，那些资金较少，准备进军缝纫机、打印机、办公桌、汽车和许多其他行业的年轻生产商同样需要考虑。而且，这一问题在有些行业中非常突出。通过不断重复，某些产品的名称、所做的特殊改进、所使用的专利技术和一些基于价格的推销就会给我们留下了不可磨灭的印象。

很多钢琴从外观上看很相似，但打开以后，就会发现它们在制作上的巨大差别。斯蒂格先生在钢琴的核心配件上花钱申请了专利，以防范侵权行为，确保自己的产品构造不被盗用。在产品投放市场之前，就要明确一些能令其畅销的特性。如果只是盲目地把产品生产出来，然后匆忙地推向市场，是不可能赢得消费者青睐的。

产量与信贷之间的关系

如果一家欧洲的钢琴生产商得知斯蒂格公司每年的产量和销量，一定会觉得不可思议。相比之下，欧洲生产商的年销量要低很多，原因是他们销售产品时只收现金。美国生产商的销售总额里只有四分之一是现金，剩余的四分之三都是长期信贷。而某个客户是否具有信用风险，则由斯蒂格钢琴公司总部的调查员和销售员共同决定。

斯蒂格钢琴公司总部依据邓白氏公司报告和银行的特殊报告来判断钢琴代理商的信用情况。外派销售员则到代理商所在的城镇进行调查，了解其履行职责的情况。生产商会组合使用这些方法来确定代理商是否可靠。当然，代理商在销售中也要冒一定的风险，他可以采取任何可能的措施来防范风险。生产商和代理商在以分期付款的方式售出产品时，都要拿到一份动产抵押。对终端消费者来说，如果用现金付款，是没有折扣的，但如果是分期付款，卖方会收取 6% 的利息；对代理商来说，如果拿现金交易是有折扣的，但如果是分期付款的话，不但没有折扣，而且要支付 6% 的利息。

斯蒂格钢琴公司会认真计算每一次销售的平均成本和平均利润。有了《销售员每日报告》（包括销售情况、旅行花费等信息）和在工厂收集到的资料，生产商就可以粗略地算出每天的销售成本和利润。但是，这些大概的数字并不能让人满意。到了月底，以上几项信息的准确度会提高，而公司也能据此更精确地计算出每次销售的平均成本和平均利润。

开拓产品市场

扩展市场

是同时在多个分销点投放产品，从而尽可能地覆盖市场，还是先在生产地投放产品，然后再逐步扩大市场？这完全取决于市场环境和产品特性。对于新产品来说，市场一片空白，这时候，生产商可以采用前一种方法。在资金充足的情况下，生产商也可以采用前一种方法。采用后一种方法，也能让生产商尽快获得回报，从而逐渐把更广阔的市场收入囊中。

斯蒂格钢琴公司先后使用过上述两种方法。前几年，他们在工厂附近区域大量销售产品，并通过广告把产品推向芝加哥及其周边和伊利诺伊州、印第安纳州及威斯康星州的内陆地区。这时候，斯蒂格先生已经没有足够的资金来扩大生产规模了。他既无法在每个州都雇用销售员，也没有产品供他们销售。由于通过贷款来做大市场与斯蒂格先生做生意的直觉和原则相悖，而且要冒很大的风险，或至少发展会比较缓慢，所以斯蒂格先生首先考虑的是开发本地市场，毕竟，工厂附近区域也是一个可观的市场。

广告宣传

在利用广告向大众推销新产品时，要避免把摊子铺得过大。新生产商常犯的错误之一，就是把他们的广告分散投放到那些不可能变成购买者的人群里。记住，每一个潜在的市场都要用广告的种子进行播种，广告的最终目的永远是赚钱。那么，广告的适用对象应该是哪些人呢？零售商？客户？还是两者都有？现代企业的广告理念通常是同时面向零售商和客户的，这就是著名的"二次销售"原则。换句话说，生产商在进行广告宣传时，首先是面向零售商做推销，其次是帮助零售商向客户做推销。起初，斯蒂格钢琴公司的广告方式主要有以下三种：给客户发传单，给零售商发产品目录，每天在报纸上投放广告。这些方式是同时进行的。

刊登在芝加哥的一家报纸上的广告让斯蒂格钢琴公司获得了第一批代理商。这些广告的效果最开始是体现在一名消费者身上的。这名消费者在报纸上看到了斯蒂格钢琴公司的广告，就来信询问自己是否可以成为斯蒂格钢琴公司的代理商。不久之后，斯蒂格钢琴公司的销售代表拜访了这名消费者，并与其签订了代理协议。

斯蒂格钢琴公司的销售员把来自全国各地的每一条咨询信息都看成潜在的销售机会，并将客户的姓名、住址和其他资料登记在卡片上。如果咨询者位于其某个代理商的服务范围之内，斯蒂格钢琴公司就会将相关信息告知那位代理商；如果不在其服务范围之内，斯蒂格钢琴公司就会通知位于芝加哥的零售部门。总之，只要接到了咨询信息，销售员们就会立即行动起来，他们会向咨询者寄送传单，向零售商寄送额外的产品目录和文字资料，与此同时，也会将以上行动及时反馈给公司总部。在客户最终下订单之前，他们会不断发送传单，当销售完成之后，他们会将所有相关记录归档。

传单应该简洁，能让读者记住产品的名称、特性和价格。

投放在报纸上的广告也应该遵循同样的原则，强调名称、特性、价格和公司薄利多销的核心理念。

组建销售队伍

随着钢琴代理商的增加，派遣销售员去定期拜访他们就显得非常必要。不管是组建什么样的销售队伍，首先要考虑的问题就是薪酬体系。付酬方式一般有三种：提成，工资，提成加工资。不同的公司会采用不同的付酬方式，不过，大量的经验证明，直接支付工资最让销售员感到满意。斯蒂格钢琴公司采用的就是这种方式，他们从来不支付提成。斯蒂格先生的理念是，除非雇员工作不积极，否则他应该得到一份有保证的工资。但斯蒂格先生不建议签订长期协议，因为这虽然对销售员有利，但对雇主不利。如果签订了一年的劳动协议，而销售员不称职，那么雇主就要忍耐一年。如果销售员从其他公司得到了一个工资更高的职位，但他暂时无法离开当前的公司，可能就会消极怠工，好让公司解雇他。以上几种情况对雇主都很不利。长期协议对雇主来说有害无益。

公司通常会安排某个销售员销售某种特定的产品，相应地，也会对他提出销售金额和销售数量方面的要求。这就需要一个完善的工作评价体系。斯蒂格钢琴公司的评价体系是这样的：首先，斯蒂格钢琴公司要求他们的销售员上交《销售员每日报告》，在其中列出当日拜访过的商业区和公司，已经完成的销售，未完成销售的失败原因以及其他相关信息；其次，如果公司对销售员的工作产生怀疑，就会向零售商咨询相关情况，或者派出一名代表前去调查。

销售员要做的事情远远不止在自己的领域内推销，他要收集所有对公司有利的信息。他要列出从代理商那里得到的对产品感兴趣的家庭的清单。他要向总部寄送有意愿成为代理商的人选。他要拜访新的商业区，选拔新的代理商，激发代理商对产品的热情。最后，他要核实并向公司报告代理商是否与公司账目两清。经常会出现这样的情况：代理商在销售钢琴的时候，可能会以分期付款的形式卖出其中一部分。但他没有把这部分货款转交给公司，而是截留下来，并在很长一段时间内不报告售出情况。这样他就能支配所有的货款。销售员要检查代理商那里剩余钢琴的数量，以及在不同日期接收和售出的数量，然后向公司报告准确的交易情况。

生产商既可以向代理商销售产品，也可以直接向客户销售产品。但生产商的生产活动和支付条款最终是由客户决定的。

间接分销渠道的经营

销售培训中应该包含一些关于经销管理的知识。

经销管理对产品的生产和加工都有着极为明显的作用。跟生产、加工环节一样，经销环节也需要一个独立的管理系统。

经销管理的作用是提供或创造一个市场。生产商、经销商和消费者可以在这个市场里"会面"。"会面"只是一个比喻的说法，但在中世纪，所谓的市场就是现实中会面的地方：生产商定期把商品带到街头集市，以满足消费者的需求。

随着时间的流逝和行业的发展，市场变得越来越专业化。专业市场是专为不同行业的交易而建的。为了方便，同一行业的交易商们往往会聚集在一起。现在许多公认的主要城市的市场都是针对特定行业而设立的。纽约、芝加哥、圣路易斯、新奥尔良、明尼阿波利斯和美国其他城市的专业市场都是某些特定商品的销售总部。加拿大的蒙特利尔、多伦多和温尼伯等城市也有口碑很好的分销市场。世界性的交易市场设在伦敦、利物浦、纽约、巴黎和不来梅。很长一段时间以来，全世界的皮草商人每年都会聚集在俄罗斯的下诺夫哥罗德进行皮草交易。

全世界很多地方都设有畅销商品的二级分销市场，这些市场都服务于某些特定的商品交易。在这些分销市场中，批发商和经销商专注于自身领域，并在分销管理的总进程中有着明确的分工。零售商店是展示和售卖商品的场所。

在这些分销市场中，销售员找到了自己的用武之地，并不断发展出越来越细的专业分工。商学院的学生必须牢记，不管你销售的产品是什么，销售工作的基本原理是不会变的。

分销系统

在较大的专业市场上，分销系统包括批发商、经销商和经纪公司。零售商从制造中心和批发中心采购商品来满足消费者的需求。消费者是分销系统的终端。

原材料特别是农产品与工业制成品的销售方法是不同的。农产品大多通过独有的期货交易所来销售，有时我们称之为商品交易所。而工业制成品则是通过商业竞价或是直接售卖来销售。服装、鞋帽、机械和其他产品不是在商品交易所中那些特定的交易商之间进行买卖的，而是在许许多多的分销点进行买卖的。批发商通常是先察看商品，然后通过经纪人与生产商进行讨价还价，而真正的交易则发生在这些交易商的办公室和展览室里。

我们在这章要讨论的不是商品交易所内粮食、牲畜、棉花等的交易，我们讨论的是开放性的市场，工业制成品在这样的市场出售，而历史悠久的讨价还价仍旧是它的基础。

经销商和批发商

分销始于工厂、农场和矿山。我们会发现，工厂的首要任务就是大批量地卖掉制成品，这让批发商的地位变得十分重要。经销商和批发商的主要作用就是为生产商开发市场。大批发商通常能买下好几个工厂的全部产品。他们大批量采购产品，他们的采购员遍布所有的主要市场。实际上，在商业贸易中，"经销商"和"批发商"是同义词，区别就在于批发商涉及的分销种类更多一点。两者本质上是一样的，都是开发市场并销售产品。

经销商和批发商几乎存在于所有类型的贸易中，他们在生产商和消费者之间架起了桥梁。商品价格是否稳定、零售体系是否完善等直接影响着批发业务，这对百货商场来说尤为明显。在百货商场里，零售商与批发商属于竞争关系。实际上，在某些情况下，零售商会跳出零售业务，因为采购量很大而转变成经销商。大型百货商场往往持有庞大的库存，能直接与生产商讨价还价，从而获得对各方（包括销售者）都有利的结果。在过去，由于分销环节需要大量的资金投入，代理商便应运而生了。这让批发商意识到了独立经营和仓储能力的重要性，否则就要面临生产商和代理商的两面夹击。现在，一些行业里的生产商通常和零售商走得很近，不需要像以前那样冒着巨大的风险来雇用代理商了。

批发店有百货店和专营店两种。虽然百货店数量不断增加，但占据主导地位的还是专营店。实际上，批发生意仍然是专业化经营。这在行业术语中称为"单一业务"。"单一业务"批发店的出现，源于商品种类的自然分化。

以下是现在流行的产品分类方法：干货、杂货、服装、鞋靴、药品、珠宝、音乐制品、文具、书籍和机械。这种分类并不严谨，主要是出于方便考虑。其中的一些行业可以进行更加专业化的细分，比如干货行业。

直接分销渠道的运营

工业制成品的销售方法有两种，它们都是现代商业的常用手段：一是销售经理派出销售员去寻找零售商和直接购买者，二是销售经理依靠经销商和批发商来销售他们的产品。第二种是间接分销，这种渠道形式在上一节已经讲过了，这一节我们来讲一下直接分销的渠道形式。

采用哪种分销方法主要取决于产品的特性和市场的需求。间接分销的开销很大，除非排除花在经销商、批发商或经纪人身上的钱之后，依然能收支平衡，否则生产商就必须努力增加销售量，才能创造利润。

需要用力去推销的产品通常适合直接分销法。制造业大多属于代工生产。在这种情况下，生产商需要一个正式的销售部门去招揽业务，跟委托方签订生产合同。例如，引擎组装等领域就属于这种情况。

销售部门是生产商的业务构成的一部分，是面向市场的一支重要力量，它的作用是尽最大可能把产品推向市场，保证可观的业务量，同时通过创造需求来拓展业务。

有时候，创造需求的职责会落在销售系统的一个特殊分支上，通常我们认为它本身就是一个部门，也就是广告部门。

这是一个宣传的年代，所有行业都在通过某种形式的宣传来引起潜在客户的兴趣，从而创造对产品的需求。为此目的而使用的各种不同的宣传手段，我们就不在这里一一列出了。简单地说，销售系统的广告部门正变得越来越重要。

直接销售的优势

对生产商来说，通过销售员直接售卖产品对自己是最有利的。尽管这种做法花费不菲，但生产商可以完全控制销售渠道。生产商普遍认为，虽然很难招揽到能干的销售员或很有潜力的人来组建一个让人满意的销售团队，但试图通过专门的经销商来卖掉产品更为困难。

现在的销售经理能够任意取舍自己的团队成员。也就是说，你不能解雇一个玩忽职守的经销商，但是你能替换一个让人不满意的销售员。由于现代化的销售部门可以自行挑选销售员，可以培训他们、督促他们、鼓励他们，与他们协作，用各种方式帮助他们，让他们保持士气，等等，因而卓有成效。

协助经销商

如果产品只能通过经销商才能卖出去，那么生产商就只能任凭经销商摆布，因为其产品的销量受限于经销商所发现的需求。但事实上，生产商是可以通过广告宣传来帮助经销商的。这样的宣传通常要达到一定的强度，而且费用很高，效果也不一定会让生产商满意。

一位知名的出版商说："为了对批发贸易产生影响，我们必须投放两种广告。一种是投放在批发贸易类的报刊上，一种是投放在大众杂志上。面向大众的广告宣传费用通常很高，因此，我们必须牢记大众广告的费用比例和专业广告或是特殊广告的费用比例。"

通常来说，那些专业广告的效果，要远远好于那些大众广告。大众广告不如专业广告直接，不能及时带动销量。然而，要想帮助经销商售卖产品，就需要投放一定数量的大众广告。

广告部门

广告部门是业务组织或市场系统的一部分，它把广告作为创造需求的主要手段，并负责全面监督公司所采用的用于吸引公众关注度的方式或媒介。广告部门的负责人是广告经理，其主要职责是决定相关的广告策略，并选择投放广告的不同媒介。广告部门的其他成员密切监控所有适合投放广告的出版物，并持续关注它们，以便能够评估和追踪每一种媒介的投放效果。

有时候，广告部门会把挑选广告方式和媒介的工作交给专业的广告代理来做。广告代理对于今天的商业人士来说，已经非常熟悉了。有些公司的广告部门只把一部分工作委托给广告代理来做，比如制作广告的环节。

随着广告行业的不断发展，广告知识也越来越专业。经验丰富的广告代理通常能为生产商带来明显的业绩提升，而生产商也乐于将宣传工作委派给广告代理。一般来说，生产商每年都会拨出一定数目的资金用于广告宣传，这笔专款由广告部门支配。广告部门要确保所有的广告宣传能带来最大的利润，不管其是否与广告代理合作。即使广告部门将挑选媒介的权力转交给代理商，它仍然发挥着顾问的作用，并且要提供与产品相关的信息或其他商业信息，这些信息是制定广告策略的基础。

需要指出的是，广告是一种重要的销售方法。销售员与消费者面对面交谈，是通过口头语言在做宣传，而广告则是通过印刷的语言在做宣传。好的广告就是好的销售。最成功的广告都是符合销售工作的基本原理的。商人越来越意识到，熟悉各个销售环节的知识对自己非常有好处，因而，他们中越来越多的人每天都在学习广告的艺术，并把它作为销售培训的一个重要组成部分。

第十三章
批发销售和零售销售的原则与技巧

批发销售员的可贵品质

在前面的章节里，我们已经详细讲述了一个优秀的批发销售员应该具备的条件。所有成功的销售都离不开以下几方面：优良的个人品格、熟练掌握产品信息、成功吸引客户的注意力、恰当的产品演示、引导客户做出购买决定。

批发销售员，特别是到处出差的批发销售员的生涯对很多年轻人有极大的吸引力，但是，它并不像看上去那么美好。

虽然所有类型的销售都基于相同的原理，但在不同的产品线下，销售员所要用到的知识还是非常不同的。批发销售员在开展其业务之前，有必要在公司或百货商店本部进行特别训练。

所有的批发公司都是由很多部门构成的，批发销售员的早期培训通常由其中的一个部门负责。

批发销售员可能从一名仓库管理员开始做起，然后从订货登记员或基层销售员的位置向上升，直到获得认可并被外派出去。批发销售员要认真了解产品、学习拜访客户、提高判断力、改善自身形象、学习得体的礼仪，并以各种方式让自己胜任销售代表的工作。

对于希望通过销售行业迈向更大成功的年轻人来说，现在比以前拥有更多的机会。这些年轻人可以谋求从部门经理或采购员晋升为销售经理，而成功的销售经理通常能获得非常丰厚的回报，而从销售经理到总经理或是资深合伙人只有一步之遥。具备知识、自信、勇气和良好判断力的批发销售员很可能会登上事业的巅峰。

直面挫折

现在的销售员不会把希望寄托在运气上。他知道，销售不是随随便便就能成功的。销售是一门科学，要遵循一些基本原理，恰如太阳东升西落一样。如果销售员的行动方向是正确的，但销售却失败了，那么一定是他的举止或方法出了问题。如果一名机修工安装了一台新引擎，但这台新引擎无法工作，那么，他会找出故障，拧紧一颗螺母或是松掉一颗螺丝，直到引擎能正常工作。销售员也是一样，如果他遭遇了失败，他就要研究并分析自己，以便找出错误、纠正错误。

如果销售员发现客户对自己并不友好，那么他应该认识到，自己在接近客户的过程中一定存在着不足。如果他发现客户虽然很友好，但自己没有成功引起客户对产品的兴趣，那么他应该认识到，自己可能需要调整说话方式，因为他可能使用了太多推销的话术，但没有充分说明产品的优点。如果他成功引起了客户对产品的兴趣但没有完成订单，那么他应该认识到，自己没有很好地说服客户做出购买决定，而且说得不够明白。

乐于助人

《成功》杂志的资深编辑奥里森·斯韦特·马登博士说过："不管你从事什么行业，维持客户的最好方法就是如你所知的那样去对待他们，尽可能在各个方面为他们提供方便，要礼貌、体贴、乐于助人。"

要关心客户，如有必要，在经济上和其他各个方面帮助他们，这会为你带来回报。当某个批发商陷入困境的时候，那些接受过他帮助的客户会伸出援助之手。最近，我听一家大型公司的经理说，他们帮助一名客户得到了三万美元的抵押贷款。这名客户原本因为银行审核非常严格而无法得到贷款，但在这家大型公司的帮助下，他最终筹集到了资金。

越来越多的大型批发公司发现，尽可能地帮助客户也会给他们自己带来益处。许多小商店，特别是西部地区的小商店，开始把他们的业务对象（批发商）看成真正的朋友，只要是资金困难的时候，他们首先想到的就是批发商。如今，许多西部地区的公司之所以欣欣向荣，就是因为批发商曾帮助它们度过了资金短缺的困难时刻，仅凭着自身的商业根基，它们原本是无法获得贷款的。获得过你帮助的客户会成为你一辈子的客户，并且会成为你的公司的活广告，他会抓住一切机会为你说好话。

优秀的销售员首先是优秀的人

一位成功的商人必须具备各种不同的能力。成为一位优秀的销售员不仅是工作本身的需要，更是一个成就。一流的销售员不仅了解自己的产品及产品的价值，而且了解竞争对手的产品。他不但要赢，而且要取得客户的信任。在销售过程中，他必须要同时考虑到买卖双方的利益。他清楚地知道，让客户进货过多或是让客户感到价格过高，感到被欺骗，这样的销售是没有任何好处的。理想的销售员并不是像我们认为的那样"能说会道"。我所认识的一位很优秀的销售员就非常安静，他行事非常低调沉稳。一个准备充分的销售员对自己所销售的商品总是充满自信，并且能够充分发挥他的个人魅力。从来不交朋友的人是找不到客户的。

批发销售员的成功经验（一）

观察行家手法

销售员要想纠正自身的错误，最好的办法就是和一个能力极强的前辈一起行动，这样一来，他就能通过观察行家来获得销售经验。或者反过来，一个前辈带着一个销售新手一起行动，这样他就可以观察新手的表现，然后给出中肯的意见。

并非只有新手才能使用这个方法来进行自我学习，那些转而负责一条完全陌生的产品线的老手，也可以通过这种方法来进行学习。即使是负责主打产品的销售精英，也不得不重新学习以熟悉不断变化的市场环境，比如奢侈品的销售，就必须先创造需求才行。与此类似，保险推销员必须先经历见习期，才能挨家挨户上门游说，把一份价值五万美元的生命保险卖给一个银行家。不管是从事哪种类型的销售，善于学习行家的经验是非常重要的。

向专业采购员取经

下面是芝加哥一个从事丝绸连衣裙批发业务的销售员的故事。他经历过低潮，后来发现自己必须重新学习销售，并最终在前辈的帮助下走上了正轨。

他从理货勤杂工干起，后来在小店主中间建立了良好的业务网络。他得到了晋升，并被分派了新的业务，而新业务的客户是一些百货公司，他发现这些客户跟自己以前的客户完全不一样，自然，迎接他的是彻底的失败。他的业绩跟前一位销售员相比下滑得很厉害，于是，他被公司总部叫去谈话。这让他感到绝望，于是他去找一位前辈诉说自己的悲惨经历。

"我想说的是，你愿不愿意在旁边看着我完成一次销售，然后指出我错在哪里了？"这个销售新手最后说。

第二天，这位前辈就带着自己的学生重新上路了。

他说："也许别人告诉你销售员要很健谈，但我要告诉你的是，最好的销售员应该知道何时保持安静。你交谈、开玩笑以及暗示的方式只适用于零售销售员。零售销售员或多或少和客户有着更亲密的关系，客户也喜欢这样做生意。但当你面对的是一个了解行情、坚信时间就是金钱、有着冷静的判断且责任感极强的采购员时，你就成了一台机器——一台穿着裤子的自动售货机。准备好你所有的样品，只要最好的那些。然后闭紧嘴巴，除非对方向你提问。让这个采购员掌控谈话节奏。他想要看，而不是想要听。他就是这么想的，并且毫不关心你怎么想。最后，如果你无法改变现状，就说声'谢谢'，收拾好你的样品，转身走人，等出了办公室再把样品打包。然后，记住我的话：不知不觉间，他就会认为你是一个非常精明的销售员，因为你在五分钟内展示给他的真材实料比十个普通销售员在十分钟内展示的东西还要多。"

善用精品

这个销售员完全采纳了前辈的建议。后来，他形成了一种独特的销售风格，即简短而精练地介绍产品，这正是很多大卖场所采用的方法。他只展示样品里的精华，并以此作为自己的原则。这种销售风格极大地影响了他的职业生涯。如今，他只和大百货公司的采购员建立业务关系。

吸引采购员的注意

销售员要争取吸引采购员的注意。当他和百货商店的采购员打交道时，这一点尤其重要。因为百货商店的采购员每天都在洽谈采购事宜，会被许多推销同类商品的销售员包围。经验表明，采购员只会与十到二十名销售员做生意，后者所代表的公司足以满足他的需求。采购员会发现，在每周来访的成百上千的销售员当中，只有某一个销售员能符合他的要求，但是，他没有时间和精力去把这个人从一群人当中找出来。因此，大多数销售员就只好待在接待室里，坐立不安，等到后来的销售员被优先接待时，他们也只能小声咒骂。到最后，这些销售员会被拒之门外。在这种情况下，精明的销售员会努力争取向采购员演示产品的机会，以证明自己的产品值得被认真对待。

维系客户

只经营一条产品线的销售员会一而再，再而三地与同一个客户进行联系，这使得他们很容易成为朋友。随着时间的推移，销售员能从客户的一言一行中获知其政治主张、个人爱好等信息。销售员懂得如何把这些信息变成美元。他会记下客户的名字以及所有能帮他与客户联络感情的有用信息，并制成卡片索引保存起来。比如，康涅狄格州一家公司的仓库管理员约翰·亨特是一名钓鱼爱好者，如果销售员从遥远的旧金山来拜访他，就可以送给他一份来自旧金山报纸的剪报，上面刊登着一个关于鱼的故事。总之，销售员要撒下友谊的种子，并不断培育它，这样，他才能收获友谊的果实。

相反，同时经营不同产品线的销售员会不断和陌生人接触，他必须要依靠外在形象和言谈举止来赢得客户的信任。

批发销售员的成功经验（二）

下面我们来谈一些批发销售的成功经验。

大学就像一个配备了零售部的教育批发公司。它从全世界各地收集那些包装成铅字的知识，然后在这里批发给诸如教师、教授这样的主顾，后者转而把这些知识交给很多人来满足个体需求。同时，大学也把知识零售给年轻男女，这些年轻男女获取知识是为了自我成长。

那些来自五种感官的感知觉素材，即知识，并不像印花布、糖浆或钉子一样看得见、摸得着，它们被储存在大学里，然后被运送到各级附属市场（这里包含整个文明世界）。在某些方面，它们被人们认为是获得幸福快乐的必需品。

而商人的观点是，没有大学文凭，很多人仍能活到耄耋之年，但离开了商品，文明的人类就无法生存。因此，对社会最有用的人、对人类真正有益的人，要到商人阶级中去寻找，而不是到高等教育机构的教师队伍中去寻找。

成功的基础

要想在批发行业取得成功，需要具备以下资质：充足的资金，对商品和人的判断力，对当前市场的透彻了解，对未来环境及市场需求的预测能力，管理能力。具备所有这些资质的人，简直像合适的市参议员候选人一样稀少，因为现在是一个各行各业都走向专业化和职业化的时代。在你父亲年轻的时候，家庭医生能够治疗各种各样的疾病，他既是外科医生，也是牙医，偶尔还要充当兽医的角色。但现在，为你检查视力和听力的医学博士几乎不知道你有两个肺；锯掉你腿的外科医生，可能和激活你麻痹的肝脏的同事没有任何交流。

在批发行业，不管是合伙人、高管还是心腹职员，都要对每一个部门或是部门的每一个分部负责。这里我想插一句，如果你们有这样的想法，即认为对于充满干劲但穷困潦倒的年轻人来说，现在被提升为大型商店负责人的机会不如几年前多，那么你们就大错特错了。开创和经营一项生意确实比一个世纪以前需要更多的资金，那时候只需要现在资金的一半或是四分之一。但是，现在要想在商业领域取得成功，也比以前需要更多的技能和智慧。千里之行，始于足下。当你学习语言的时候，你是从英语字母表开始的，而不是从阅读希腊文开始的；如果你还没有掌握乘法表，你是不可能学会二项式定理的。只有继承了父辈资产的年轻人，才可能站在很高的起点上开始其商业生涯。但是，如果这个年轻的资本家没有和经过历练的商人进行合作，他的事业也会无可避免地跌落谷底。如果你有经商的天赋，而且已经接受过一定的教育，那么就从最基层的商业实践开始吧，当你能够承担更大责任的时候，你不需要去寻找资金，资金会来找你。

有些人模糊地认为，批发业务一旦启动，就会自行运转下去，它在某种意义上就是生产商的交易所和零售商的储藏库：零售商从批发商那里提取货物；批发商只要接收订单、陈列商品、运输货物，从客户那里收钱，然后分一份给生产商，就可以赚到钱了。但经验（以雇主遭受损失为代价）告诉我，他们完全没有领会批发业务的整体情况。成功的批发商需要具备很多能力，也可以这么说，一个公司的所有部门需要承担哪些职责，一个成功的商人就应该具备哪些能力。

我们现在谈到的商人，首先必须是一个金融家。他可以用有限的资金经营最大的业务，并一直保持最高的信用等级。资金指的是现金投资，而不是股票投资。"有限"是一个限定词，一般来说，无限的资金对商人来说是一个不健康的因素。商人必须通过精确的计算，将采购货物的数量控制在自己能够承担得起的范围之内。在销售产品的过程中，他还必须能扛得住客户的软磨硬泡和来自同行的竞争压力，因为这些因素可能会使他投入过多的时间和授予客户过高的信用等级。要记住，每一笔交易都有一个即将到来的付账日期。

采购员的责任

采购员在设定采购标准时，不是基于产品本身的类型和质量，而是基于它们能否满足特定群体的某种需要。有句老话说得好："好东西未必卖得好。"采购员不但要判断商品的价值，还要判断什么商品会畅销，并且要在挑选尺寸、重量、体积等方面非常有经验。对商人来说，没有什么比在市场上半价出售大量滞销产品更令人灰心丧气且损失惨重的了。采购员必须要对市场需求有一个清晰的判断。一般来说，生产商是没有库存的，因为他们的产品大多数是在拿到订单之后生产的。从事服装批发的商人通常会在几个月前就开始采购他们下一季的货物，而现在，这些货物正在生产中。批发茶叶的商人早在春季就把订单送去了东方国家，这样，你才能在冬季午后喝到这些茶叶。批发商在去年十一月就买好了整个西北地区在即将到来的庄稼收获季节所要用到的工具。一个成功的采购员必须具备近乎天才的判断力，必须能够确定哪些新产品会是畅销品，从而提高分销商店的业绩。对采购员来说，最好的获利方式就是提前大规模囤积商品，这样，他就无需在之后的竞争中一再降低价格。但是，如果因为判断失误，采购员所囤积的商品无法获得消费者的青睐，或是消费者购买之后发现不实用，那么，这就是采购员的世界末日。

采购员必须根据出货量来指导生产商进行生产，以确保库存充足，同时又能确保资金周转顺畅。他一定要及时将销售情况告知生产商，否则，如果客户突然有了需求，就可能会断货。

防范赊卖的风险

成功的商人既要大方地赊卖以确保客户的忠诚度，又要保守地防范利益损失。他对客户信用的判断不仅要基于资产负债率，还要考虑到人类的天性。如果涉及大笔资金，而且客户有不良的性格和习惯，工作不认真，那么客户的信用等级就比较低，反之，则信用等级较高。不言而喻，具有充足的资金、高尚的节操和严谨的行事风格的客户是最理想的合作对象。

现代方法

成功的商人必须要管理好公司的业务，确保以最高的效率完成交易，避免不必要的浪费，不管是人力、物力，还是财力。在飞速发展的当代社会，商人如果不能及时采用最先进的工作方法，就势必会落后，然后被淘汰出局。时间变得越来越重要。例如，芝加哥和西北铁路公司就把装载货物的时间从下午六点提前到了下午五点，并且第二天早上就在爱荷华州东部的各个站台进行配送。假设锡达拉皮兹的一个零售商人在周一晚上下班前通过邮件向芝加哥的批发公司定了一批货物，这一订单在周二早上到达目的地，如果他在周三早上到达办公室的时候，没有看见他的职员从包装中取出货物，那么他会认为他的芝加哥供应商已经落后了。

由于没有人能够近乎完美地具备一个成功商人所应具备的条件，所以他的职责需要被分配给财务部、采购部、信用部、销售部、管理部等不同部门，而这些部门的负责人需要具备与自己职位相匹配的资质。

批发销售员的日常工作

在向你们展示了批发行业的基本构成之后，我还想向你们描绘一下批发销售员的日常工作，虽然有些简略和浅显。

一张订单——不管是来自销售员的沿路兜售，还是来自零售商在样品室的采购，又或是来自自愿下单的邮件——在到达计件室之后，都会被纳入相同的处理流程。首先，记账员会以美元为单位来评估订单的数额，以便信用部门能够判断客户的信用等级。随后，会计员会接手处理订单，他们的总账显示了公司各项交易的进程。总账的每一个账目上方都有某种神秘的记号，这是依照信用部门的指示画上去的，它们表明了对应客户的信用等级以及付款时间等内容。如果客户的信用等级达到了公司的要求，该订单就会被画上标记并直接送去预订部门。如果信用等级没有达到要求，如对方超额购买、没有及时偿还账单或是有任何其他不正常的地方，该订单就会被返还给信用部门，视具体情况来处理。后一种订单可能会被通过，也可能会被拒绝，这要基于各种信息来做出判断，比如，与客户有关的新情报、客户的发展前景、客户所在地的市场环境、一些临时的情况等。当然，负责评估客户信用等级的信用调查员本人的身体状况也很关键。一些大型金融公司在雇用这些人员之前，会要求他们出示健康证明，因为他们要亲自与客户会面，要调查外派销售员，要查阅银行家的信件和其他参考资料，等等，所以他们的健康状况至关重要。在以上资料和信息中，附有客户签名的按照指定格式填写的详细说明是最重要的参考。

预订部

通过会计员和信用调查员的审核、判断之后，预订部门会对订单所要求的生产任务进行分解（采购员会记下已无库存的产品种类和需要采购的原料名称），然后把订单归入一个工作簿（每个工作簿只包含一个订单），工作簿的封面颜色代表着它在那些等待执行的订单中的优先次序。举个例子来说，红色封面的工作簿要比其他颜色封面的工作簿更紧急，应该优先执行、调度。其他颜色封面的工作簿表示对应的订单尚有拖欠、已打包或已托运。处理完红色工作簿之后再处理蓝色工作簿，然后再处理绿色工作簿……

填写订单并运送货物

订货登记员会拉着滚轮篮子或是推着手推车往返于各个部门之间，依照订单上的要求挑选产品。产品在包装间会被打包并贴上各种标签或小纸条，然后运输部门会根据这些标签或小纸条的指示送货。订单处理完之后，定价员会对产品进行定价，检验员会检查产品价格，然后发票管理员会开具发票。发票会被送到记账员那里入账，然后邮寄部门把发票折好、装入信封、贴上邮票。稍后，相关人员会根据流水分账再次检查原始订单，以确保登记没有错误，没有发票未经入账就寄了出去。从这一点来说，在收税员拿到会计报表以前，所有的流程都需要入账。

其他部门的工作

总而言之，除去细枝末节，我希望涉及尽可能少的部门，就能让你们完全了解一个订单的处理流程。如果我详尽地描述金融、出纳、采购、信用、征收、外派销售、接收、运输以及无数其他的部门，你们肯定会感到乏味。这些部门都有自己的流程和明确的分工。甚至，一家大型商业公司的文具部门的负责人都比一家小型零售公司的经营者要承担更多责任。一个公司就是一台复杂的机器，这台机器上的轮子，甚至是轮子上最无足轻重的齿轮都必须要仔细调试才行，否则，这台机器生产出的产品就毫无价值。

公司的负责人要非常熟悉公司的所有环节才行，只想寻求一些消遣或是拿工作来打发时间的人，不会是一个成功的商人。

年轻批发销售员的起步

希望学习经商的年轻人通常会发现，他的职业生涯是从订货登记员的存物柜前开始的。早上七点，他在这里脱下外套，穿上工作服。在未来的某个时间，人们也许不需要真正接触商品，就能把在学校里学到的理论知识直接应用于商业实践，但这仅对那些通过观察就能学会的知识才是成立的。商业知识不是这种仅凭观察就能学会的知识，它需要在实践中获得。最好的机械工程师不会闭门造车，他会把证书丢在一旁，到车间去亲手触摸机器。不过，一个成功的商人，依然需要掌握一定的理论知识，而年轻时期是掌握理论知识的最佳时期，学校是掌握理论知识的最佳场所。

有的人因为学校教育的限制而没有学好语法，但却在法律界位居前列；有的人被迫放弃了文科教育，但却因为颇具天分而成为医学界的大咖；同样地，有的人天生就是做商人的料，他的理论并不是经由学习而获得的，而是从实践中总结出来的。

不过，这些没有接受过完整的教育而站上人生巅峰的律师或医生毕竟是特例。对于那些寻求职业发展的人，我不建议他们中止高等教育，也不建议他们只是接受低水平的学校教育和心智训练，因为基础知识的学习是通向最高成就的必要基础。

如果一个人满足于一辈子当一个在十字路口开小店的店主，坐在钉子桶上，嚼着烟草，和懒洋洋的客户闲聊，那么他只需要掌握小学文化就完全能应付了。

为职业生涯做准备

我们必须要为将来的职位生涯做好充分的准备。如果让我给具有可支配的时间和必要的金钱的年轻人推荐一门商业预备课程的话，那就是以下这些内容。

在中学时代接受全面的拼读和书写训练。这种训练并不能保证他一定会进入大学，但是确实能让他正确地拼读和书写。我承认，把拼读和书写能力作为通识教育的必要基础这一建议有点老土，但迟疑之下我还是提了出来。因为我知道商界里有一些"老古董"，他们坚持旧式的做事方法，一定会把拼写错误的求职信扔进垃圾桶，即使这些信件来自大学毕业生。这些"老古董"认为，一个年轻人几乎把所有早年的时间都花在了学习拼读和书写上，但他写的这封求职信所显示出来的疏忽和粗心，预示着他在商业生涯中不会取得伟大的成功。

进入大学后，他应该挑选那些与商业和全面心智训练有关且能给他最好指导的课程。对于那些不愿在低水平知识层次上徘徊的学生来说，顶尖院校的文凭变得越来越容易获得。

在这个世界上，什么是最大的勇气，什么是真正的幸福，最有用的又是什么，对于这些问题，善于思考且胸怀大志的年轻人应该有自己的思考。既然他们并不满意于将人生前景仅仅寄托在商业上，那么他必然会扩展自己的知识面，以满足更高远的理想。除了选择与商业相关的大学科目以外，还要选择一些作为理智、开明、爱国的公民所能用到的课程。

获得大学文凭之后，如果可能的话，他最好在特定的商品零售店里待上一年，然后再到批发店进行商业实践，从一个部门升迁到另一个部门，直到成为企业负责人或是公司总裁。

零售销售员的成功经验

与批发销售员不同的是，零售销售员不需要去吸引客户的注意力，也不需要想方设法地去接近客户，因为客户显然已经注意到了这种商品，他就是为它而来的。不过，零售销售员在接待客户时必须保持礼貌。即使客户唐突而无礼，零售销售员也必须克制自己，只有这样，才可能卖出产品，让客户满意。

虽然客户在进入商店时，已经对产品有了某种需求，但仍需要销售员推动他做出购买决定。销售员要根据客户的具体情况向他提出合理的建议。

优秀的销售员全心全意地忠诚于公司，始终把公司利益放在最重要的位置。

优秀的零售销售员会给商店带来稳定的回头客。

优秀的销售员与普通的销售员是有很大差异的，以下是两者在零售销售的不同阶段的差异所在：

吸引注意力

想要吸引客户的注意力，销售员就要礼貌而有趣。礼貌和有趣是其他能力的基础。

如果销售员满足了这一要求，那么就可以开始下一步了。

激发兴趣

只有销售员本人对销售工作感兴趣，才能激发客户对商品的兴趣。兴趣很容易激发兴趣，但无趣不能。销售员在每一个销售环节都可能会失败，但兴趣却可以引领他一个步骤一个步骤地进行下去，并最终获得成功。

法律或政治领域里那些最著名的演讲者之所以能引起听众的兴趣，就是因为他们自己首先对演讲主题非常感兴趣。

什么是"感兴趣"呢？就是说，他会沉迷在自己的演讲主题之中，热切地关注身边每一件与之相关的事。

销售员不需要为销售商品而陷入疯狂，但他必须要对工作有强烈的兴趣，否则他就无法激发客户的兴趣。

当然，他时刻都不能忘记保持礼貌。如果销售员满足了这一点，那么我们开始下一步。

唤起欲望

客户需要了解你所推销的商品，他需要知道自己为什么要买这个商品以及这个商品会给他带来什么好处。是能让他打扮得更加时髦，还是能让他感觉更加舒服？现在购买是不是更实惠？是不是能在某种程度上帮他节省时间？或者是不是能让他的房间更有吸引力？客户必须要了解这些情况。

如果销售员自己都不知道这些信息，又怎么能告诉客户呢？如果你销售的是袜子，你必须非常了解袜子。销售员必须熟知自己所销售的任何商品，并能将商品信息传递给客户，否则他就会以失败告终。当销售员唤起客户对商品的欲望之后，关键的时刻到了。

到这一步为止，销售员一直彬彬有礼，并对自己的工作充满兴趣，而且传授了一些商品知识给客户。客户对商品产生了兴趣和欲望，但这距离他做出购买决定还有一小段路要走。

激发购买冲动

这是关键时刻。如果销售员成功激发了客户的购买冲动，客户此时就会决定购买商品；如果销售员失败了，客户就决定不购买商品。

当然，客户也会因为某些原因而没有购买商品，但过不了多久，他就会后悔。在这种情况下，销售员确实已经唤起了客户对商品的欲望，并激发了客户的购买冲动——销售员实际上已经成功了，只是不可控的原因导致了销售的失败。

总之，以上这些步骤都是以商品的自身价值和客户的真实需求为前提条件的。如果商品对客户没有用，如果他离开商店之后感到后悔，那多半是因为销售员误导了他，他在销售中没有被公平地对待。毋庸置疑，这是错误的销售方法。

零售销售员的注意事项

零售销售员要学会与客户相处，要有良好的判断力。成功的零售销售员会以最可行的方式让自己的工作变得高贵起来。他们把自己的职业当成一种荣耀，并能从中获得自信、赢得尊重。他们不会因为态度不好的客户而心烦意乱，反而会始终礼貌而得体地会见来访者，和客户变成朋友并长期保持这种友好关系。

客户喜欢把零售销售员当成朋友，因为后者具备专业的商品知识，并能随时提供专业的服务。

事实上，零售销售员通常有许多商品要销售，这使得他们不可能为每款商品都准备单独的销售演讲，但这不应该阻碍他们对自己所销售的所有商品进行持续的研究。他们应该能够为客户提供关于商品的使用方法、组件、质量等信息。当然，只有非常了解商品信息，他们才能回答客户提出的这些问题。

人人都是客户

记住，几乎每一个经过你柜台的人都可能对你的商品产生兴趣。如果他能从你口中很快了解你的商品，他会愿意购买；如果你以合适的方式和他打交道，他会愿意购买。但是，这不是强迫他们留下并惹怒他们的理由。你只需要冷静观察，然后迅速抓住机会即可。当你在走廊里站着闲聊或是大喊大叫的时候，你是不可能留意到客户的，当你以各种方式放松的时候也是不行的，你只有时时刻刻做个有心人才行。

为什么某个销售员会比其他销售员创造更多的业绩呢？为什么客户会偏爱某个销售员，甚至愿意等待他呢？为什么公司会特别青睐某个销售员呢？这些问题以及许多其他问题的答案就在上面的建议里。

如果你是一个不受欢迎的销售员，不要抱怨，试试上面这些方法。

如果你不满意自己的销售业绩，试试上面这些方法。

如果你是一个销售新手，想知道资深的销售员是如何取得成功的，试试上面这些方法。

如果你想要加薪，试试上面这些方法。

供应不是销售

有时候，到你的柜台来的客户知道自己想要什么，他们是直接过来卖东西的，也知道自己该付多少钱。他们会告诉你他们想要什么产品，并说出自己能够接受的价格。这时候，销售员就不需要再重复前三个销售步骤了。

不过，这是出售而不是销售。现在有很多自动售货机也可以完成同样的工作，即把客户想要的商品递出去。

正如我之前所说的，销售是向客户卖出某种他需要的东西，甚至他在遇见你之前，并没有意识到自己需要这种东西，而你的雇主已经为他生产好了这种东西。

同时为客户和雇主服务，这才是销售员的最高境界，它让你成为一个更好的销售员，让你对你的雇主更有价值，让你获得更高的报酬。当你在公司无法崭露头角的时候，这种境界会让你从其他雇主那里获得更有诱惑力的职位。

清醒的商人总是在寻找优秀的销售员。他们虚位以待，甚至会为了优秀的人才而专门设置某些特殊职位，因为普通的职位太屈才了。

第十四章
服务销售的实践指南——以广告销售为例

接下来的两章，我们将以一家广告公司为例，来介绍一下服务销售中的一些经验。事实证明，这些经验非常有价值，它们同样适用于其他销售领域。

体现专业精神

有人说过，这个世界只会奖励一种东西，那就是主动精神：不需要别人提醒，就知道自己该做什么，或者只要别人说过一次，就知道自己以后该怎么做。我认为，这个世界奖励的不只是这一种东西，而是四种东西，它们是主动、决心、效率和坚韧。如果你在与公司和客户打交道的过程中具备了这四种品质，你就离成功不远了。

我们既要学习销售工作的基本原理，也要重视那些来自长期实践的经验。当普遍适用的销售知识被应用于所有的销售领域之后，那些从销售实践中获得的经验知识就显得更加重要了。希望你会完全吸收和消化这些知识，并最大限度地应用于实践中。

通往成功的第一步是熟练掌握产品信息（本章中指的是广告原理）。俗话说，活到老学到老。有教养的人每天都在学习新东西。同样地，广告行业的从业者每天都要学习关于广告的新知识。销售员只有不断学习，不断整合自己接收到的信息，才能更好地满足客户的需要。掌握了行业本质的销售员懂得留意每一本杂志上的广告，他在任何一个商店的货架上，都能一眼认出那些做过广告的产品，并推断出它们畅销的原因。

爱岗敬业

只要一个城镇里有银行，有报纸在发行，这个城镇就是有利可图的。有些广告销售员总是喜欢选择那些容易被拿下的城镇，这样的人在销售行业里是赚不到大钱的。除非他们能拿下这个城镇里的所有订单，否则我们不会把一个区域交给他负责。只要销售策略得当，越是死气沉沉的城镇就越有可能焕发生机。如果你希望轻轻松松地完成销售任务，那么请远离这些城镇，因为你永远不可能激活这样的市场。

不久之前，一位名叫塞尔福·里奇的美国商人在伦敦开了一家百货商店。伦敦的生意人告诉里奇先生，他打广告是没有效果的，而且伦敦数百年来只有商店，没有百货商店，伦敦人早就习惯了这种购物方式，不可能会喜欢美国人的购物方式。甚至有人说，如果他按照美国百货商店的习惯把商品陈列在橱窗里，他就会输得很惨，因为几百年来，英国商人都是在橱窗外设置沉重的栅门，以此来保护自己的财产。

里奇先生凭借着丰富的商业经验和对伦敦市民的了解，还是做出了大胆的尝试，他完全按照美国的方式来布置自己的百货商店，也按照美国的方式来做广告。

结果是，里奇先生每年赚取的利润比伦敦其他同行加起来的都多。

即使在一个保守、落后的美国城镇，里奇先生的做法也有可能大获成功，因为美国人更加熟悉现代商业方式和现代广告。

我想说的是，不管人们是否熟悉现代广告，不管是在繁华的大城市，还是在偏远的城镇，广告销售员都大有可为。不用说，除非你自己充满热情，否则你无法激发客户的兴趣。没有了这样的热情，任何人都不会走得更远，就像水不能向上流一样。

这并不是说，任何人都能掌握广告销售的精髓，并且在一个月内就能激活一座死气沉沉的城镇。但过往的经验表明，认真做事的销售员总会有所收获。广告销售员的成功也是客户的成功，因为广告为客户带来了巨大的利润。据保守估计，有98%的客户会在下一年继续使用同一家广告公司的服务。那些从不购买广告服务的商人，往往是没有什么抱负的人。销售员可以每月在当地举办一次广告讲座：一是，公布一些行业数据，让客户更直观地看到做广告的好处；二是，定期推出新的广告业务，刺激客户的新需求，获得更多订单。那些业务非常熟练的销售员，往往既能为客户创造价值，也能赢得公司的信任。

现在很多广告销售员每周至少能赚到一百美元。如果一个销售员刚入行就能赚到两百美元，那就不仅仅是市场环境的问题了，他一定付出了巨大的努力。我们不敢说干这一行就一定能轻松赚到钱，但只要积极主动、意志坚定、行动迅速，就会获得比其他行业更多的机会和回报。机会就在眼前，前途不可限量。

在拜访客户之前，广告销售员必须坚信自己带去的是最好的服务。他不是去寻求客户的帮助的，因为他为客户创造的价值将比客户付出的代价多得多。平等、礼貌地对待你的客户，但要记住，你不是在请求他的帮助。

积极主动

缺乏主动精神的人只是一个执行命令的人，而不是一个销售员。如果你是前者，那么去找一份按部就班的工作吧。我们的业务并非如此。**没有主动精神的人只会踩着别人的脚印前进，而脚印与坟墓的唯一区别只在于宽度和深度。**

没有决心的人也一定缺乏热情，他们宁愿幻想而不愿行动。方向并不难找，只要稍微动动脑子，聪明的人都知道应该怎么做，难的是行动的勇气。"找对方向，勇往直前"是对人类最好的忠告。

除了主动精神和行动的勇气之外，每月赚一万美元的人通常比每月赚十美元的人更勤奋。

当你和一个编辑交谈时，不要和他闲聊，不要分享故事。要迅速得到想要的信息，然后迅速离开。闲聊不能让你赚到钱，也不会让别人对你有更高的评价。从前的旅行销售员用他们俗气的服装、滑稽的故事、刺鼻的雪茄味和口臭无数次证明了这条原则。当你和一个客户交谈时，只和他谈业务或是与业务相关的内容。这并不意味着你要每分每秒都谈论广告，有时候你可以通过全新的方式去接近你的客户。我想举个例子，它展现了什么是真正的销售。

一个打印机销售员发现，自己经常能和那些舍得花钱做广告的人做成生意，因为他们往往是镇上最活跃的生意人。因此，他每到一个城镇，做的第一件事就是去拜访报社的编辑，然后从编辑那里获得这批生意人的信息。随后，他会走进一家商店，只字不提打印机，而是开始谈论广告。这是这些生意人感兴趣的话题。他赞美他们的广告，然后四处寻找一些他们正在使用的日历或小物件，继续赞美它们。他没有浪费时间讲故事，他谈论的是生意，而且因为他事先已获得了大量的广告信息，所以他能够告诉他们一些有趣又有价值的东西。最后他才会说："您的工作非常出色。它毫无疑问会拓展您的生意，增加交易量，吸引更多的回头客。然而，您忽略了最重要的一点。您吸引的是那些已经和您做过一次交易的人，但您现在需要吸引的是那些您从未见过又从未走进您的商店的人。"

店主自然会问怎样才能做到这一点，销售员会告诉他："通过一封私人信件。"随后他就开始推销自己的打印机，向店主介绍该如何使用，等等。

坚持不懈

曾经有人称赞帕代雷夫斯基的演出非常精彩，他笑着说："在维也纳的时候，我每天要和一支管弦乐队一起演出。在完成这四个小时的例行工作之后，我还要练习十二个小时的钢琴。我的胳膊和肩膀经常会变得麻木、僵硬，但我这样坚持了十四年。无数音乐家嘲笑我是一个傻瓜，而现在人们普遍认为我是一个天才。"

最终赢得赛跑的人不一定是跑得最快的那一个，他通常不会在第一圈领先，但他是那个坚持到底的人。他要忍着痛苦进行最后的冲刺，他要有超强的忍耐力和意志力。临近终点的时候，每个选手都很艰难，只有咬紧牙关跑得最拼命的那个人才能获得胜利。

成功的销售员并不一定是最聪明的那个，但一定是努力工作、肯动脑筋的那个。

充满热情

在进行销售实践之前，一定要熟练掌握广告销售的相关技能，只有这样，你才会对它充满热情。技能和热情缺一不可，否则就不要开始销售工作，因为那说明你入错了行。

你有产品，有事实根据，你依靠自己的诚实和产品的价值，依靠那些最具说服力的论据来推销你的服务。你的热情要强烈到能够扫除所有障碍。只要有了热情，客户的拒绝和冷漠就不会让你有任何动摇。

你必须尊重自己，别人才会尊重你。你必须充满热情，才能传递热情给别人。你必须坚定不移，才能给人留下深刻的印象。

你要相信，你所推销的东西不仅不会给客户增加任何负担，而且能让他节省时间和金钱，就像把钱存在银行里能够自动产生利息一样。无数商人的经验已经证明了这一点，你要坚信不疑。

了解行业历史

广告的历史

早在印刷术出现之前，人们就已经在使用广告了，这与我们普遍的印象正好相反。商界普遍认为，历史上最著名的广告人当属尤利乌斯·恺撒。但是，广告并不是他想出来的新点子，他只是遵循了与之前统治者相同的原则，雇用作家或历史学家来写文章赞美战争的胜利，并让这些文章在全国迅速传播开来。这些报道或者说广告详细描述了他们在战争中的各种英勇行为。这让恺撒无须通过战争，也无须以士兵的生命为代价，就能征服许多部族。当你把凯撒的做法和现代一些庞大的商业机构的做法相比较时，你就不会对这段历史视若无睹，而是会去思考凯撒成功的原因。

西尔斯·罗巴克公司的广告跟凯撒所散布的文章难道不是如出一辙吗？有哪家零售商不害怕西尔斯·罗巴克公司呢？

其实，只要订购一些西尔斯公司的商品，来跟自家的商品对比一下，这些零售商就会发现，前者并不比后者更有优势，无论是品相上、质量上，还是价格上。

而且，这些零售商在其他方面比竞争对手更有优势，比如，他们有自己的商店，能够跟客户面对面交谈，也能让客户在购买前就看到商品。而客户不用支付运费，也不用冒任何风险。

但是，即便拥有这些优势，他们也竞争不过西尔斯公司，这就是广告的力量。

广告的现状

商人很早就开始做广告，方法是通过街头公告员和守夜人告知大家他们拥有大量的商品，或他们那载满商品的货船已经到岸，等等。而此前，街头公告员和守夜人只负责报时，或通告一些与当地利益相关的事项，比如执行死刑、拍卖没收的土地来抵税。

随着印刷术的发明，一些重要的消息开始被印在纸上，被复制和分发，最后就发展成了现代的报纸。那个时候，只有少数人能阅读报纸，而随着文盲的减少，广告和报纸也获得了飞速发展。哪一家报纸要是没有广告版面，就不可能生存下去，并且文盲越少，做广告的费用就越高。时至今日，报纸的印刷成本进一步降低，原本是奢侈品的报纸，如今人人都买得起了。现在所有人都识字，难怪"花钱做广告"会被商人奉为圭臬。

最早的广告是工匠们的布告，有人会钻井，有人会造烟囱，有人会打铁，他们需要找活干。紧随其后的是关于个人商品的售卖公告，这逐渐发展成了现代广告。

由于广告的力量非常强大，以致一些人用它来欺诈公众，其中最著名的两个案例均发生在十八世纪，一个是发生在英国的南海岛公司事件，另一个是发生在法国的密西西比泡沫事件。

几年前，在一些权威报纸和杂志上看到诱骗广告并不罕见。在送往农村地区的杂志上通常会刊登着"一美元可购入一幅华盛顿头像的钢版画"之类的广告。而照着广告信息寄了钱的人会收到一张两美分的邮票，邮票上确实印有一幅华盛顿头像的钢版画。

这种广告在几年前非常盛行，你对它们肯定很熟悉。但是，所有杂志都认识到，刊登欺诈广告会损害正当的广告客户的利益，因为它损害了正当客户的声誉——这是生意人的生命线。现在的杂志开始拒绝刊登这样的广告，而只接受高端的合法广告。如今，许多杂志都会对因他们刊登不法广告而遭受损失的订阅者进行赔偿。即使是最廉价的杂志都不会刊登那些宣称能快速致富或是有问题的广告。原因很简单，它得赔偿受害者。

陈述解决方案

对广告销售员来说，想要在一个城镇站稳脚跟，首先得跟当地的报纸进行合作。这很容易，只要你恰如其分地向他们陈述你的方案即可，就像下面这样："编辑先生，我是销售员，是芝加哥齐默尔曼广告公司的商务代表。我来拜访您的目的，是想让您与我们签订一份高级代理服务协议。我们是最好的广告商，能够通过联合全国的商人，为他们提供超低价格的广告服务——每周只需一美元。"

你要让他明白，你为客户提供的广告服务虽然价格很低，但不会降低标准，而这样的销售方式更是前所未有的。

"就像我拜访过的其他编辑一样，我想您会对我的方案非常感兴趣，因为它会为您带来很多好处。现在，我诚挚地邀请您与我们合作。下面是您能从中得到的好处。

"第一，我们每周都会为客户提供广告服务。实际上，我们的客户几乎都和您签有一年期的广告协议。而且由于我们的服务，他们会使用更多的广告版面，这对您是有利的。第二，由于我们只做高级广告的代理，这无疑会提升你们报纸的形象，进而拉动广告业务的发展。第三，看一下我手里这些登有样本广告的报纸，您就会发现，只要某个城镇的一家银行购买了我们的服务，其他银行就会同时跟进，甚至做更多的广告，虽然与我们的客户相比，他们经常费力不讨好。第四，您不必再像现在这样为他们写广告了，您肯定为这件事烦恼不已吧，因为您要么得一直重复相同的广告，要么得不断写出新广告。"

仔细查看这家报纸的广告版面，找到那些在上面做过广告的商人的信息。一般来说，编辑非常清楚哪些公司热衷于做广告，如果他们有广告专员的话，也可以问广告专员。在这之后，你可以说："编辑先生，哪家企业（或银行）跟您走得最近，同时又最活跃，并且能看到我们服务的优势？"通常他会提及某家企业（或银行）。如果他桌子上有电话的话，你可以拿起电话问他："他们的电话号码是多少？"他要是告诉你的话，你就把电话递给他，说："您能和这家企业（或银行）打个招呼吗？您可以说'应你们的要求，广告公司的销售员将带着最好的广告服务方案去拜访你们，会带给你们从未见过的优厚条件，你们肯定会非常感兴趣'。"

如果他不方便帮你打电话，或者你觉得他是一个值得信赖的人，那么就邀请他直接陪你去那家企业（或银行），帮你引荐一下。不要害怕提出这样的要求，因为你带给他的好处远远超过他带给你的。记住，向编辑推销你的广告服务同样非常重要。不要让他觉得你只需要获得他的口头同意，而要让他觉得你需要他的鼎力相助，而且你值得他这样做。我们的广告服务对报纸和对客户都很重要。如果你向编辑推销失败了，他一点都不愿意合作，那么你就别指望向客户推销广告了。

介绍服务项目

接下来，你要准备好去拜访客户，你可以这样说：

"先生您好，我是芝加哥齐默尔曼广告公司的商务代表。我来拜访您的目的，是想向您推荐芝加哥优秀的广告人之一提供的服务。您只要花很少的钱，就能在开店初期大获全胜。您可能还记得，在几年前，您的同行都不做广告。您很清楚，做广告得花钱，但最近，以科学的方法做广告的公司却取得了很大的成功，这让绝大多数商人愿意尝试一下。

"富兰克林发现了电能，在此之前，人们无法驯服电能。率先运用电能的人用上了电灯，开起了工厂，还点亮了城市。广告的威力就像电能一样，您肯定也意识到了广告的威力，但却不知道如何运用它。目前的广告手段虽然不丰富，但却能起到很好的宣传效果，这就是商人们越来越重视它的原因。我们会根据各行各业的具体情况来为您提供广告服务。全国优秀的广告人之一将竭诚为您服务，就像他在您店里拿着高额薪水一样。我想您一定和其他精明的商人一样，对我们的业务非常感兴趣吧，理由有下面这么几条。第一，您没有时间亲自写广告。在过去的一年里，您有多少次是请编辑来帮您写广告的？又有多少次是让编辑一再刊登相同的广告或索性不登广告的？

"既然我们正在谈论广告，我想请问您什么是广告。（你提出这个问题的时候，对方通常会犹豫不决。你可以停顿得久一点，让他认识到自己并不知道什么是广告，但不要停顿得太久让他反感。）我想告诉您的是，即便是那些写广告的人也不一定说得清什么是广告。其实很简单，广告就是形成对您有利的舆论。我将向您展示如何才能做到这一点，并说明是什么赋予了广告如此巨大的力量，从而创造出了世界上最伟大的公司——如果离开了广告，这些公司将不可能占据主导地位。

"当您阅读一份报纸时，您至少会看到两样东西：新闻和广告。首先来说新闻，新闻不仅包括与您切身利益相关的本地新闻，也包括由美联社发来的世界新闻。美联社把新闻提供给多家报纸，就像我们把广告提供给多家报纸一样。当然，这些新闻的每一个标题和每一个段落，都是经过编辑加工整理的，只有这样，才能引起读者的阅读兴趣。其次是广告，很多人买报纸是冲着新闻去的，而不是冲着广告去的，因此，广告的图片和文案要足够吸引读者才行。但是，直白的文案、粗制滥造的版画和'物美价廉'等俗套的描述是不可能做到这一点的。广告要足够瞩目才行。

"即使您长时间待在自己的房间里，您也不可能会留意到钟表的嘀嗒声，因为这种声音太单调，而且日复一日，年复一年。我刚才提到的那种广告就像钟表的声音一样枯燥乏味，丝毫不引人瞩目。随便拿一本广告费在每页五百美元至六千美元之间的杂志来看看，您就会发现，那些非常倚重广告的生意人很在意自己的广告是否引人瞩目。

　　"请看这个广告。（向他展示你们公司曾经在报纸上刊登的一则广告。）翻到这页报纸的人十有八九会看到它，您也这样觉得吧？那么，有多少人会注意到这个广告呢？（向他展示和之前的广告很相似的另一则广告。）只有十分之一的人会注意到。所以说，广告是否引人瞩目非常重要，因为没有人会主动阅读您的广告，除非您能吸引他们的注意。所以，我们认为，一则广告是否成功，很大程度上取决于它是否引人瞩目。

　　"广告所用的字体、印刷工艺、图片等都要加倍留心。一般来说，人们更喜欢看图片。图片不仅能引起人们的注意，而且能更生动地展示您的产品理念。（展示报纸或杂志上的一个例子来加深他的印象。）

　　"接下来要考虑的就是产品的市场定位。为了更好地说明这一点，我想先问您几个问题：为什么人们现在的生活成本是二十年前的四倍？你为什么会买三美元的帽子而不是五十美分的帽子？或者买三十美元一套的服装而不是三美元一套的服装？原因只有一个，那就是人类最强大的本性——自尊心。

　　"这才是广告的价值所在，一则成功的广告必须要能激发人们的自尊心和购买欲。现在请您看看这则广告，看它是否做到了这一点。（阅读报纸或杂志上的一则广告。）

　　"以这种方式做广告，您不仅满足了客户的需求，而且正在创造需求。这就是商人和店主之间的区别。杂货店店主不需要创造人们对糖的需求，因为这是人人都需要的，他们自然会购买。但是，糖只能满足人们的基本需求，商人不可能靠卖糖来赚大钱。而在当今时代，成功的商人则要学会创造需求，以满足人们的自尊心，为他们创造更美好的生活。

　　"经验丰富的广告人要花上半天到一天来写一则广告。我想您这么忙，肯定没有时间来写广告吧。即使我花上一个月的时间，来给您讲解广告的相关知识，您也未必有精力来关注这一块。我知道，像您这样精明的商人一定知道广告的力量，并且想用正确的方式来做广告，但是您分身乏术。那就把这部分工作委托给我们吧。

"我打算每周给您提供一个像这样的广告。另外，我会提供一张与之相匹配的图片。不仅如此，我还会把底片给您，这样您就能立刻把它复制到纸张上。如果我只给您广告和图片的话，您还得制作底片，所以说，光这张底片就值我的要价。

"我们的要价为什么会这么低呢？我来给您解释一下。银行使用的是邓氏编码，一家银行要花上一百万美元，才能获得这套编码。但当所有的银行都使用邓氏编码时，每家银行只需要交纳七十五美元的加盟费即可。如果一个医生专程到您家里来看病，你可能需要花上五千到一万美元，但是，当镇上的所有人都使用他的服务时，他每次出诊就可以只收取几美元。

"我们的广告服务也是这样的定价原理，因为我们同时为全国的很多商人提供服务，所以我们能够把价格压低到每周一美元。为了说明我们的方案是可信的，今天我不会跟您要一分钱，如果您中途不再使用我们的服务，我们也不会收钱。我现在只需要您仔细阅读这本产品目录，并从中挑选出您想要的服务——最好能适合当地的市场环境和您的商品特色——然后我们就可以马上开始全年的服务。您可以每月付一次款，如果您倾向于现金交易的话，我们会给您优惠 5%。"

这只是一个粗略的介绍。你可以灵活运用各种不同的表达方式，列举更有说服力的例子，提及与你有过合作的不同商人的名字和他们的看法，等等。你也可以向他展示你收到的表扬信，并在无意间提到与你合作过的商人的名字。

第十五章
服务销售的话术技巧——以广告销售为例

如何应对各种拒绝（一）

在结束销售的阶段，经常会出现很多意外情况，很多人会推三阻四。这时候，他们虽然没有完全搞懂我们的方案，但都会承认它是一个好东西。面对这种情况，我们可以运用下面的话术来应对各种拒绝。

（1）针对那些自称做了二十年生意，不需要打广告的客户（这是销售员遇到的难搞的拒绝理由之一，以下是最干脆利落的回答）：

首先向他强调"满足需求"和"创造需求"的区别，然后对他说："先生，您所在的教区也有牧师吧？城里的人不是像认识您一样认识他，像喜欢您一样喜欢他吗？这位牧师不是每年冬天都会举办布道会吗？但他改变了多少人的信仰呢？十二个？十五个？还是二十个？而比利·桑代和吉普士·史密斯改变了多少人的信仰呢？成百上千个。他们虽然不出名，但却受过严格的训练，是行业里的专家。就像他们的成果十倍于您的牧师一样，我们的广告效果也能十倍于您的宣传。这是一样的道理。"

回应拒绝的关键是不要停顿，否则他会提出新的异议，但这通常只是一个借口。如果你等他提出一个又一个异议，那么销售谈话就会恶化成一场争论。不管遇到什么样的拒绝，你都要用两到三个更有力的观点来说服他，然后尝试着结束销售。如果他依然拒绝，那么你就继续进行说服。

（2）针对犹豫不决的家具经营商，你可以做出以下回应：

"家具很昂贵。如果您想把家具生意经营好，您必须要能创造需求。在代理家具广告时，我们一直在为实现这一目标而努力。当一个女人看见另一个女人戴着新帽子时，她肯定也想买一顶，这是事实。女人通常是基于这一理由而买帽子的。对大多数家庭来说，购买新家具的事一般是由女人负责的。当女人看到由漂亮的家具布置而成的一个家或是一间卧室时，她们即使正住在茅棚里，也会非常想买这些家具。因此，我们不能只在广告图片上展示一件家具，而是要展示整个室内的场景。这并不是说女人一看到我们的图片，就会到您的店里来买家具，而是说，我们的广告创造了新的需求。您只需要让这一需求变得足够强烈，好让她做出购买决定。为了维持她们的兴趣，我们会交替使用这些产品图片和老工匠的形象来做广告。（拿起一张带有老工匠形象的广告，用手遮住老工匠。）当我遮住老工匠的时候，您看见的是一幅橱柜的图片。这幅图片很漂亮，但您不一定会注意到它，不管广告文案写得有多好。现在我把手拿开，您就会注意到它。您会下意识问自己：这位老工匠在做什么呢？他为什么站在那儿？他说了什么？

"现在我告诉您怎样制作报刊广告和橱窗广告，怎样让两者关联起来，从而增强宣传效果。您去租借一个展示服装用的人体模型，给它穿上老工匠的衣服，然后在您登广告的一周时间里，把它和产品（即橱柜）一起放在橱窗里。您还可以放上一张卡片，上面写着：看看这周的报纸吧，看看老工匠会说些什么！根据我们的经验，这很快就会成为当地人谈论的热门话题，人们会非常期待下周的到来，希望看看下周的报刊上的广告。"

（3）针对那些刊登过失败广告的银行家：

"先生，您之前的广告是这样的：'第一国家银行，存款利率3%，出纳员约翰·约翰，行长吉姆·布朗……资金充足，未分配利润充足……'这种文案会吸引人们把钱存到您的银行来吗？如果我到大街上随便找个人问问他'第一国家银行的行长是谁'，他可能会告诉我是吉姆·布朗，但是，如果我继续找十个人问问他们什么是银行盈余，什么是未分配利润，等等，您的潜在客户，这些没在银行开过户的人肯定答不上来。那些把钱存在你银行里的商人肯定是知道的，但他们存钱不过是为了做生意，您印在报纸上的这些广告语对他们来说没什么意义，因为他们非常熟悉这些东西。您必须要让那些没在银行开过户的人认识到开户的必要性。您不但要诉诸现实需求，还要诉诸他们的自尊心和优越感。只要您成功吸引了他们的注意，就能马上激发他们的强烈需求，进而达到自己的目的。"

（4）针对那些忙得没时间和你交谈的人：

"我喜欢跟忙碌的人打交道，因为我可以帮您提高工作效率，每周为您节省一天的时间。您越是忙，就越应该明白节省时间的重要性。难道您不想每周抽出一天时间来陪伴家人或是休闲娱乐吗？我不但能帮您节省时间，还能帮您节省金钱。我希望占用您十分钟来说一下我会怎么做。"

（5）针对以上问题的另一种回应：

如果你正在和一个鞋匠交谈，那么你可以说："好吧，琼斯先生，您可以卖给我一双鞋子吗？"你可以脱下一只鞋子，让他帮你量一下尺寸，在这个过程中，你可以说："我其实并不想买鞋，只是想证明您会对我的方案感兴趣，因为它会帮您卖掉一百双鞋子。您愿意花上半小时为我试鞋，但如果我买了一双便宜的鞋子，您就只能赚到五十美分的利润。我能帮您卖掉一百双鞋子，还能帮您节省时间，您却说您忙得没有时间。琼斯先生，不要觉得我粗鲁。我承认我无礼了，但我有资格这样说。那些了解我的业务的商人都会和我做生意，因为我是这个城镇里唯一的广告销售员。我希望您不要认为我粗鲁，但我承认我很无礼。"

（6）针对那些已经使用了印版服务，但认为其不值得花钱的商人：

"印版服务和我们的完整方案相去甚远，前者好比是一个衣衫褴褛、蓬头垢面的销售员，后者是一个西装革履、惹人喜爱的销售员。如果您雇用了一个穿着皱皱巴巴的衣服、领子上还脏兮兮的人在您的店里工作，而他所创造的价值不足以抵消他的薪水，那么您就不得不另请高明了。广告服务也是同样的道理。"

（7）针对那些雇用书记员来写广告的商人：

"如果您雇用了一个木匠，您肯定希望他拥有很好的工具。我们的服务项目就采用了最先进的广告技术。您的雇员会很乐意使用这些技术的。您的书记员不是一个身价一万美元的广告人，他不得不花钱购买印版或以某种方式得到这些印版。但问题不在于您花了多少，而在于您得到了什么。如果您每周需要支付他十五美元，那么，不如每周付给我们一美元，我们会让您得到更多的回报。"

（8）有些商人认可你的服务，但他已经购买了印版服务，并且签了不止六个月的合同，不想再购买别的服务了。针对这样的人，你可以做出如下回应：

首先让他认同广告是最好的宣传手段，接着让他认同你们公司的服务至少要比其他公司的服务好很多，会激发更多的需求、增加更多的销量。你可以说："先生，我举个例子。假如您想雇用一个销售员，然后一个应聘者出现了，他能卖掉更多的商品，并且能给客户留下更好的印象。这个人想在您店里谋个职位，而您会说'不行，我已经和另一个人签订了六个月的合同'吗？您不会，您一定会说'来，我们谈谈吧'。优秀的人不会在家等六个月再来您店里应聘，他不会迁就您的时间，我们也不会。如果这个优秀的销售员每周都能比那些差劲的销售员多创造一美元的利润，而且他每周只要一美元的报酬，您会怎么做呢？

"即使这个销售员只擅长销售丝绸，您也会很乐意雇他来店里帮忙。而现在，我们的广告人每周只要一美元，就承包了您所有的广告，你还觉得不值吗？

"这里我要说说在报纸上做广告的优势。在我们谈话的过程中，您几乎拒绝了我所有的提议，但如果您碰巧听说过或是遇到过这些商人——他们给我写了这些热情洋溢的信，我刚才给您展示过——他们和您说起过我们的服务，您一定会立刻签下订单。如果有人告诉您，您每周花上一美元就能让齐默尔曼先生替您写广告，您一定会珍惜这个机会的。虽然找借口是人的天性，但不要因此而错过好事。"

这时，让他看看当地的报纸，你事先已经在上面圈出了他的广告和他一个竞争对手的广告。要让他认识到，如果他不赶紧抓住机会的话，别人就会取而代之。

（9）针对那些拒绝在广告上印广告公司标志的商人：

"我能理解您的想法，您可能认为这样的广告就不是专属于您的了。但是，我们公司的标志和广告本身并不会形成竞争，您永远也不会在公众面前以广告人的身份出现。您不会因为聘请了芝加哥最好的橱窗装饰师而感到羞耻，相反，您会为此而骄傲。您也不会因为雇用了芝加哥最好的丝绸销售员而感到羞耻，那么，您为什么会因为聘请了芝加哥最好的广告人而感到羞耻呢？这个广告上的标志是对您的保护，而不是我们想要印上去的。我们授予您在这个镇上的独家使用权，这个标志能防止任何人剽窃您的广告。"

如何应对各种拒绝（二）

（10）如果商人对价格提出异议，你可以这样回应：

"乘坐火车要花两美元，从这里到 ××（提及一个距离合适的城镇）要花两个小时，步行不用花钱，但要浪费三天的时间。步行前往 ×× 的人会洋洋得意地说：'我没有坐火车，省了两美元。'没有购买我们服务的人也会在年底查看账目的时候簿说：'我差点在广告上浪费五十二美元，幸好我没有。'您认为步行值得吗？"

（11）针对讨价还价，你还可以这样回应：

"正如我所说，讨价还价就像钟表的嘀嗒声一样无趣。它有时令人兴奋。酒精也能令人兴奋。然而，如果一个人酗酒的话，这就成了一个弱点而不是兴奋点。讨价还价也是这样。

"您一定熟悉这个故事：一个愚蠢的家伙每天出去大喊'狼来了！狼来

了'，结果当狼真的来了的时候，再也没有人会相信他了。如果一个商人总是叫着'便宜了！便宜了'，即使他真的降价了，也没有人会相信他。"

（12）你有时可以接受为期六个月的合同，但以下方法能让你把它延长成一年的合同（签完六个月的合同后再这么做）：

"布兰克先生，您一定知道吧，农民每个月都要下一次田。无论土地多么肥沃，不精耕细作的话，庄稼肯定长不好，因为野草会抢夺庄稼的营养。公众舆论就是您的庄稼，如果您不用广告去培养它的话，它又怎么会对您有利呢？

"如果您生病了，医生会每隔一小时给您喂一次药。但如果他每周或每天给您喂一次药的话，您的病恐怕好不了吧！

"如果您看过职业拳击赛，您就会知道一些比赛策略：拳击手会攻击对方的眼睛，让他看不清；第一拳打过去会很疼，如果第二次也打在同样的地方，这种疼痛会加倍；如果连续三次击打同一个地方，对方就会疼痛难忍、扑倒在地。一次攻击并不会产生多大影响，只有连续的攻击才能赢得比赛。

"一着不慎，满盘皆输。每周的广告都关系到您全年的生意。如果您省去某一环节或是这一环节很薄弱，那就不会产生应有的力量。"

（13）有些客户会以"买不起"之类的理由来拒绝你，这说明你没有让他明白你的服务能带来什么回报，或者当你在说的时候，他没有认真听，只是想着那五十二美元。对此，你可以做出以下回应：

"先生，您买得起任何能给您带来利润的东西，您店里的商品都是畅销的、有利可图的。如果我现在准备卖给您一种新的产品，并且告诉您已经有无数商人因为售卖这种产品而赚钱，您是不会说'我买不起'的。我可以向您展示其他商人写给我们的评价信，考虑到您的生意，您应该好好了解一下。"

你要坚持一个观点：你的广告服务不贵，而是能盈利的投资。他不使用你的服务，就是在以各种方式亏钱。

（14）很多销售员发现，最难说服的对象，是那些在交谈中除了说"不"就无话可说的人。如果能让这种人开口说话，你通常就能做成生意。针对这种客户，你可以这样应对：

"先生，只要我解释一下我们的服务，您就一定会感兴趣的。现在我想请您帮一个忙，告诉我您对广告的看法。我们接触过成百上千的客户，也从他们那里学到了很多东西。事实上，我们很多的点子都来自这些业内人士。毫无疑问，您能告诉我许多对我有益的事情，而我也能不时提一些对您有价值的建议。"

（15）有些客户会直接说"不需要"，对这类客户，你可以做出如下回应：

"我也认为您不需要我们的服务。如果您愿意每周花上一天时间来写广告，愿意每周付给画师三四十美元或二十美元的设计费，愿意亲自去报社查看已经印刷出来的广告，那么，您不用我们的服务也很好。然而，也只有在你亲力亲为的情况下，你才不需要我们的服务。当您每周花上一美元，让我们来帮你做这些工作时，您就不会觉得现在这样很好了。"

（16）有些客户会制作一些带产品信息的日历，然后把日历分发给当地居民。他们认为这也能起到宣传作用，而不需要在报纸上做广告。针对这种客户，你可以做出如下回应：

"日历是好东西，我并不想举例证明它不是。我想要说的是，威斯康星州的一个小镇上有三家银行。这三家银行今年都制作了日历，但是，它们的日历居然是一样的！小镇居民会到处走访，每到一个地方就会拿到一本日历，他们每个人平均每年能收到十到十二本日历。他们不需要这么多日历，只会留下最漂亮的那一本，而您的日历很可能就被抛弃了。假设您制作一本日历需要花十美分——这已经说得很低了——那么，让十本日历在十户人家挂上一整年，你需要花一美元。但是，如果您用这一美元来购买我们的广告服务，每周就能让一千个人看见您的商品信息。哪项投资更值得呢？是通过一年的报纸广告来影响五万两千人更好，还是让五十二本日历挂在五十二个家庭里更好？更何况，日历挂在那里，并不会起到很好的宣传效果。"

（17）有些客户会说"没有广告，我也能行"，对此，你可以做出以下回应：

"您当然能行，先生。即使您的店里没有最好的销售员，您也能行，但这是做不好生意的。您把店员招进来，是希望他们创造利润的，因为您要付给他们工资。但您却不愿意花点小钱做广告，好帮他们一把。您必须争取把更多的客户邀请到店里来，并设法留住他们，因为他们随时会被邀请到别的店里去。只要我们愿意，我们依然可以使用煤油灯，人们使用煤油灯的那个时代也很快乐，但现在，人们再也忍受不了煤油灯了。没有收银机，没有大橱窗，没有照明系统，您也能做生意，但您要跟上时代才行。您之所以没有紧跟时代，是因为您不懂得如何做广告。现在，机会就在您面前，您迟早会找到正确的广告方式，而越早下手就赚得越多。"

（18）有些客户会以"生意不景气"这样的理由来拒绝你，对此，你可以做出以下回应：

"生意不景气的时候，您不是依然要雇用足量的店员来接待客户吗？越是生意不景气，难道不是越要好好接待客户吗？这样说来，您大概不会因为生意不景气就拒绝雇用最好的销售员吧？好的销售员能够留住更多客户，为您创造更多的利润。

"低潮期不会持续很久的。如果现在就开始做广告，您就会像农民一样，在收获季节获得好收成。"

（19）有些客户会说"我自己写广告，我比你更了解我的生意"，对此，你可以做出以下回应：

"就广告来说，您并不比我们更专业，您的商店和芝加哥的马歇尔·菲尔德公司或是偏远小镇的约翰·琼斯适用同样的原则。我们不会试图插手您的生意，而只想接手很具体、很繁琐的那部分工作。您要进货，要管理店员，要负责很多其他事情，而我们的服务能让您把写广告的时间花在更重要的事情上。"

（20）有些客户会用"我以后会考虑"这样的话来拒绝你，对此，你可以做出以下回应：

"先生，除非您真的认为我们的服务能赚钱，否则您永远不会购买这项服务。我会马上向您展示这个事实，好让您相信。如果它真能帮您赚钱，那么，您的任何迟疑都在造成损失。如果它对您有价值，请果断购买吧！"

确保沟通是清晰而有效的

留下深刻的第一印象

与客户交谈，是希望激发他对广告业务的兴趣。你不要让他感到不耐烦，要给他留下深刻的印象。要让他相信，如果不使用你的服务，他就一直在亏钱。不要和那些只是出于好奇而来找你的人闲聊，这是在浪费时间。如果你只是想找人说话，你可以到大街上去，但是对于你的销售对象，你一开始就要给他提供有用的知识和信息。

你可以这样开始："先生，请允许我为您说明一下齐默尔曼广告公司的宗旨，这对您的生意非常有好处。齐默尔曼广告公司是为满足大百货商店、邮购公司和乡村商人的广告需求而成立的。它的创始人早年曾在乡村商店工作，他意识到了这一需求，就创办了齐默尔曼广告公司。随后，他根据自己的广告经验和一些客户的建议，将其发展壮大，变成了今天的样子。那些为他提供建议的客户都曾像您一样，因为广告队伍的缺失而损失了成千上万美元。"

态度要积极诚恳

如果客户不愿意接受你的建议，那多半是因为他不了解你的服务，你要抓住机会说服他。

"您花了很多钱来做广告，却没得到什么好处，那是因为您做广告的方式不正确。

"您没能留住客户，他们都到您的竞争对手那里去了。

"您自己花时间写广告，简直是一种浪费。

"您找了不能胜任的团队来帮您做广告，这是在浪费金钱。

"我能帮您挽回以上这些损失，不知道您有没有兴趣？每周只需要一美元，您在付款之前就能把它赚回来。"

以一种确定无疑的口吻开始你的陈述，不要让对方觉得你是在说谎，也不要让对方觉得你是在试图证明自己没有说谎，而是要说得很笃定。当你陈述完之后，可以请客户对此提出问题。在每句话的句末，一定要把音调降下来，如果你在句末提高音调，会让人觉得你不是那么肯定。

不要认为有些人很难打交道，你永远无法说服他们。这是自欺欺人。只要你相信你的服务能帮别人赚到钱，你就总能找到说服他的办法。如果他需要你的服务，你总能找到办法接近他，吸引他的注意力。

不仅要成交，而且要讲解透彻

有时候，客户很快就会接受你的建议。但你要记住，除非你让他彻底明白了做广告的重要性，否则你的任务就还没有完成。很多商人会因为喜欢你的个性而签下订单，但却对服务弃而不用。这不是我们想要的订单，因为这对你、对公司都意味着没有未来。

记住，重要的不是你说了什么，而是你让他理解了什么。他只有像你一样了解了这项服务，哪怕只有十分之一，他才会珍惜机会，出手购买。所以，你要做的就是陈述事实，让他理解。你的陈述要有力、清晰、直击要害。不要用大量无意义的话来迷惑对方，要把每一个要点讲透彻。

不要开玩笑。你正在推销一项正经的服务，而他也会认真对待，所以，你要严肃、坦诚，要始终围绕着业务展开论述。

最重要的是，不要使用对方无法理解的表达方式。你可以通过他的面部表情来判断他是否理解了你的话，如果他不理解，你就再重复一遍。如果他不认可你说的某一句话，你就要反复论证，直到他认可为止。如果他从一开始就非常认可你的话，那你已经赢了一半。他不认可的内容越多，你要做的工作就越多。

不要试图让对方记住你的精明之处，这样会偏离主题。一旦让他觉得你

很精明，他就会害怕你。如果他不认同你的陈述，或怀疑你夸大其词，甚至认为你提供的信息不够准确，那么，无论你的讲演多么精彩，你都无法达到目的。

你要让他明白，如果不使用你的服务，他就正在以四种方式损失金钱，即写广告花费的时间、购买的广告位、被别人抢走的生意和支付的版面费用。

问他是否愿意每天花上十五美分来避免这些损失。在此之前，你必须要让他承认这些损失是确实存在的。

要把每一项内容都讲透，不要从这一项直接跳到那一项。如果你一开始就没有讲透某些内容，接下来就更难让对方理解和相信你。在谈话过程中，也要懂得及时停下来。重申一遍，你要在他提出下一个异议之前，及时回答他的问题。只有答复他所有的异议，他才可能会下单。

有时候，你的销售对象没有签单的权利，因而也不敢认可你的建议。这种事经常发生在银行出纳身上，他认为自己必须要将你的建议提交给董事会讨论才行。你不要再向他确认"你真的没权利签单吗"，而是直接反问他："难道你每周花一美元雇一个人来帮你们打扫卫生，还需要向董事会请示吗？现在用同样的价钱，就可以购买一项更有价值的服务，还有什么好犹豫的呢？"

有时候，你的销售对象有其他合伙人，而其中一个合伙人可以自己写广告。如果你觉得销售对象向你隐瞒了类似这样的事情，你可以对他说："现在，我已经回答了您所有的问题，也已经证明了我们的服务会给您带来很多好处。我希望您能向我坦白您不愿意购买我们的服务的真正原因。"

如果问题出在他的广告员或合伙人身上，那么直接去找他们，然后说：

"××先生（你的销售对象）非常信任您。除非您需要这个服务，否则他不会购买，但他认为这是很好的广告服务，能为您带来尽可能多的帮助和便利。我相信您会欣赏我们的服务的。"优秀的销售员懂得如何掌控这样的局面。

引导和控制谈话走向

引导谈话走向

有时候，客户并没有想到什么理由来拒绝你，他认可你所说的一切，但就是没有勇气签单。换句话说，他害怕自己做决定。对于这类人，你要非常温和才行。他胆怯，但他愿意相信你，你只要经常去拜访他，就能拿下订单。你可以这样对他说："您承认如果不使用这项服务，您每周都在损失金钱。您意识到了这一点，那您为什么还是犹豫不决呢？假如一个优秀的店员来您店里应聘，他能够比其他店员卖出更多商品，而且每周只要一美元工资，您肯定会毫不犹豫雇用他，因为您害怕他会去别人那里工作。而现在的情况是，我为您指出了一个会给您造成损失的漏洞，您却不想堵上它。如果我就这样离开的话，我想我应该为您的损失负责，因为我没有真正讲透这项服务。

"如果您还是做不了决定，就想想那些已经跟我们签约的成百上千的客户，他们都在使用我们的服务，您还在等什么呢？"

有些商人会认为，你可以从销售中赚取佣金，所以你急切地想达成交易。对此，你可以这样说：

"我当然要从销售中赚钱了，否则我就不会在这里了。您也是一样，而我的生意和您的生意一样值得信赖。我信赖您的商品，我同样信赖我自己的服务。不过，我在这桩交易里所看重的不仅仅是佣金，还有您未来的生意。如果只是为了佣金的话，我就不会到您这里来了。我知道我们的服务能让您赚钱，能为您省钱，而且您可以一直用下去。"

适时结束谈话

要懂得在恰当的时机结束销售。太早结束的话，对方会很激动，太晚结束的话，对方的情绪已经淡了，这都不利于最后的签单。理想的结束方式是你不需要刻意要求对方签单，而是顺理成章地走到这一步。

让对方签名的时候，不要表现得太着急。如果你发现自己结束得太早或因为等得太久而错过了最佳时机，那就继续谈论你的服务，直到合适的时机再次出现。请他签字的时候，不要表现出害怕的样子。你越有信心，他就越可能顺从你的要求。

不过，并不是所有人都会顺从你的要求。一种更委婉的方法是，询问他的信笺抬头或是否需要付费送货，如果他回答了这两个问题中的一个，就等于间接答应了签单，接下来的事情就容易多了。

如果他拒绝签单，你可以向他说明：这份协议对双方都有保护作用。告诉他协议并不复杂，里面并没有什么阴谋，他可以亲自审阅。如果他要求的话，你可以留给他一份复印件；如果他打算立即付款的话，签单就更不是问题了。总之，永远不要让他察觉你害怕他不签单。

当两个人交谈的时候，其中总有一个人会控制谈话的节奏。当你和客户交谈的时候，如果你控制了谈话节奏，你就同样控制了他的思想和注意力。你必须掌控局面，并以一种他能够理解又不反感的方式谈论你的服务。

其他常见情境的应对话术

讨价还价

如果客户说："我喜欢你的服务，但我不会为了版面付那么多钱。"你可以这样回复他："先生，我没有要您购买版面。我销售的不是版面，而是广告。如果您能买到这些版面，就不需要我们了。我们只是出于制作广告的需要，才会卖版面，我们提供版面只是为了减少您的麻烦和不便。否则，您不仅需要购买版面，还需要花更多的钱来制作广告。请问您戴着的帽子花了多少钱？您说三美元？一磅羊毛价值三十美分，您的帽子的重量不会超过1.5磅，但您却花了三美元。为什么？因为您买的是羊毛染色师的知识，买的是制毡师、建模师、工厂、批发商和中间商的利润。您不是为了 1.5 磅的羊毛花了三美元，而是为了一顶帽子花了三美元。您不是为了一块版面付给我们一美元，您是为了一个广告付给我们一美元。

"如果您打算投资债券，您会买一百美元的债券，因为它安全可靠，会给您带来二百美元的回报，而不会买五十美元债券，因为它只能给您带来二十五美元的回报。如果我们卖的是版面，我们可以以十美分的价格卖给您——这就好比您可以花二十五美分买一块包头用的布一样。您会囤积适销对路的商品，哪怕要花上一万美元，因为它们能赚钱。现在您只需要投资五十二美元，就可以获得我们一整年的广告服务，这是非常划算的。

"想一想您在库存上的投入，想一想您支付的店员工资、租金、照明费和其他常规费用，而您现在却为了每周一美元的费用而犹豫不决。我们所提供的服务是靠成千上万美元堆积起来的，我们的员工都是在广告领域历练了好多年，才具备这样的经验和能力。如果没有这些花销，没有我们掌握的海量信息，这项服务就不会出现在您眼前。不要认为我们提供给您的只是几个版面，它代表着经验和知识，代表着利润。如果不是我们把很多企业联合起来，从而降低了成本，您根本就负担不起这项服务的费用。您只看到了您每周要花一美元，而没有看到它将会给您带来丰厚的回报。

"如果您生病了，您会说'我不需要医生，因为他要价两美元，也许还得花二十五美分买药'吗？问题不在于买药需要花多少钱，而在于它能给您带来什么好处。"

谋得推荐

结束销售时，不要过分恭维客户，而是要以恰当的方式求得他的推荐。你可以这样说："先生，您已经完全了解了我们的服务有多棒。您难道不希望哪个鞋子经销商或是家具经销商也得到这项服务吗？您知道它会带来好处，如果您希望哪位商人朋友得到同样的好处的话，就请把我推荐给他吧，他一定会感谢您的。"

优惠政策

以下是关于价格的一个不错的论证：

"您用过赠品兑换券吗？许多商人发现，用销售额的5%来制作赠品兑换券是有利可图的，这意味着，每卖出一万美元的商品，就要付出五百美元的代价。举个例子来说，如果一个客户花十五美分买了一瓶发酵粉，他就可以获得一份奖励。那么请问，要是您没有为他提供奖励，他还会再来购买您的发酵粉吗？不会。他购买发酵粉只是为了得到奖励。赠品兑换券也是同样的道理。他重视的不是您的商品，而是兑换券。您只是教会了他追逐奖励，一旦有新的商品出现，他就会转身离开您。

"好的广告能够形成公共舆论，它能把您的商品和客户长久地联结在一起，从而为您创造持久的利润。"

举一些广告的例子，然后说："如果我能为您写广告文案，还能帮您设计广告图案，您是不是每周得付给我五美元？因为我物超所值。如果出于生意需要，您会毫不犹豫地增加这样一名店员。我想说，现在我就在给您推荐这样一名店员或销售员，您只需要每周花一美元即可。如果您争取不到更多的客户，您的生意就会流向那些拥有优秀广告人才的店主；总是刊登同样的广告，完全吸引不了潜在客户的注意力；您总是为了撰写广告文案而绞尽脑汁……当您每周只花一美元就能得到一名优秀的广告经理的服务时，您何乐而不为呢？"

付款方式

关于付款方式，你可以说：

"我们可以接受客户在一年之内结清款项，但更倾向于给那些能在三十天内结清款项的客户优惠 5%。如果客户愿意在协议签订之后的三十天内按原价付款，我们会免费为他制作一个铭牌。以后，他的广告上方或下方（最佳选择）就会有一块印着他的名字和业务性质的铭牌。如果他自己制作的话，要花五美元到十美元，多的话要十五美元。"

公司需要业务，所以公司会采取一切合理的措施协助你。不要表现得过于着急，让客户觉得他有谈判的筹码。他没有谈判的筹码，你不要害怕告诉他这一点，但要有礼貌。你的销售对象都是精明的买家，他们看不起提不出好主张的销售员。公司的协议足够宽容，能满足所有人的要求。你要坚持一点，你不会降价，也不会违背协议。

你可以留意商店的布置，如果你看见店里有收银机、保险柜、计算器等设备，那说明这个店主紧跟潮流、与时俱进。对于这样的店主，你只要说明

"您为了生意投入了这么多资金，现在却因为每周一美元的花费而犹豫不决，这是多么荒唐可笑，更何况，这项服务能为您创造更多利润"即可。

如果你能将过去一年里刊登过他的广告的报纸收集在一起，并将这些广告与你的广告进行比较，你就会更有说服力。

精神刺激

我们身边总有一些优柔寡断的人，必须得有人帮他们做决定才行。对于这些人，你需要给他们一些精神刺激。你可以这样说：

"先生，您认同我们的服务能赚钱、能省钱，但您依然不准备购买，您想等'将来生意好一点儿'的时候再买。如果您的爱人病了，您准备什么时候去请医生呢？等到她身体好一点儿的时候再去吗？或者医生来了以后，您会等她康复之后再开药吗？或者您会对药剂师说'少开一点儿药'吗？不，您会赶紧去请医生，并且完全按照他说的话去做。

"现在，您的生意病了，医生就在这里。您得到了免费的药方，您却不想买药，而想坐等生意变好。除了家人，您最关心的就是您的生意吧，为什么不是呢？它供给您一切，是您的生命依靠。如果您签个字就能把它治好，您为什么还要让它苟延残喘呢？"

有些银行家会说："我认为我们不需要做广告，因为我们很有名，拥有社区以外的所有储户。"针对这些人，你可以这样回复：

"现在，每个银行家都面临着残酷的竞争，这些竞争是由社区内的报纸广告或杂志广告引起的。市场上存在着很多小的金融机构，这些金融机构和那些大型金融机构的利率和存款收益是一样的，它们对储户非常有吸引力。

"克利夫兰信托公司的报表显示，它的两百多万美元存款里，没有一美分是来自当地居民的。除了城市里无数家银行的存款服务，还有债券投资、理财基金等很多项目，都在试图掏空人们的口袋。不要认为您的银行在当地很有名，就不会面临竞争。十年前，很多商人不相信广告，邮购公司也不会提醒他们，正如电子银行不会提醒您一样。结果呢？邮购公司把很多零售店淘汰出局了。

"如果那些零售店店主当时能适当地做广告，您觉得邮购业务会发展到今天的规模吗？听我说，先生，银行业也将迎来巨大的变革。五年前，人们没听说过电子银行，也没有哪家银行想到要做广告。我想，您完全能预见到电子银行十年后的规模。

"而且，广告也能激发潜在储户的需求。想一想芝加哥电话公司，这个世界著名的垄断企业。他们没有竞争对手，但他们通过做广告，激发了人们对电话的需求。您也能通过做广告，来让人们意识到在银行开户的必要性。就算是美孚石油公司，也在做广告。如果不是因为他们的广告，您的妻子会使用石蜡或是他们生产的其他产品吗？"